오! 놀라운 초등 맞춤법 특공대

신수정 지음

다다북스

차 례

1장 소리가 비슷해서 틀리기 쉬운 말

1. 같아요 와 같애요   10쪽
2. 금세 와 금새   12쪽
3. 네가 와 너가 와 니가   14쪽
4. 며칠 과 몇일   16쪽
5. 오랜만 과 오랫만   18쪽
6. -이에요 와 -이예요 / -이었다 와 -이였다   20쪽
7. 잠그다 와 잠구다   22쪽
8. 찌개 와 찌게   24쪽
9. -ㄹ게요 와 -ㄹ께요   26쪽
10. -이 와 -히   28쪽
11. -려고 와 -ㄹ려고   30쪽
★ 쏙쏙문제   32쪽
★ 아차차, 맞춤법   36쪽

2장 모음에 주의해서 써야 하는 말

12. 되 와 돼   40쪽
13. 띠다 와 띄다   42쪽
14. 매다 와 메다   44쪽
15. 배다 와 베다   46쪽
16. 왠 과 웬   48쪽
★ 쏙쏙문제   50쪽
★ 아차차, 맞춤법   54쪽

3장 받침에 주의해서 써야 하는 말

17. 너머 와 넘어   58쪽
18. 다치다 와 닫히다   60쪽
19. 드러내다 와 들어내다   62쪽
20. 맡다 와 맞다   64쪽
21. 무난하다 와 문안하다   66쪽
22. 무치다 와 묻히다   68쪽
23. 바치다 와 받치다   70쪽
24. 반드시 와 반듯이   72쪽
25. 부치다 와 붙이다   74쪽

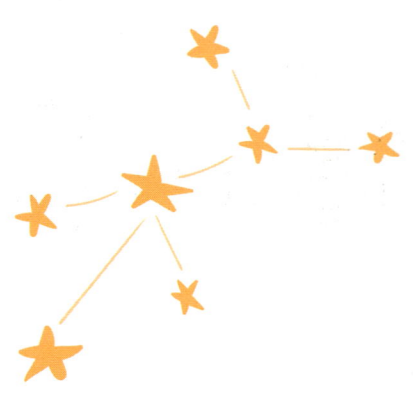

㉖ 빗다 와 빚다　76쪽
㉗ 안 과 않　78쪽
㉘ 앉다 와 않다　80쪽
㉙ 어떻게 와 어떡해　82쪽
㉚ 있다가 와 이따가　84쪽
㉛ 조리다 와 졸이다　86쪽
★ 쏙쏙문제　88쪽
★ 아차차, 맞춤법　92쪽

4장 뜻에 따라 구별해서 써야 하는 말

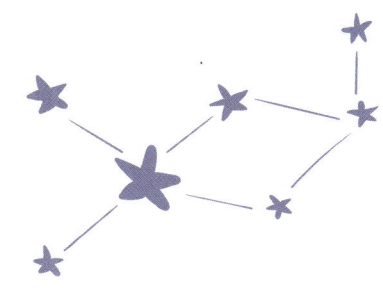

㉜ 가르치다 와 가리키다　96쪽
㉝ 껍질 과 껍데기　98쪽
㉞ 날다 와 나르다　100쪽
㉟ 낫다 와 낳다　102쪽
㊱ 늘이다 와 늘리다　104쪽
㊲ 다르다 와 틀리다　106쪽
㊳ -던 과 -든　108쪽
㊴ 들르다 와 들리다　110쪽
㊵ -로서 와 -로써　112쪽
㊶ 맞추다 와 맞히다　114쪽
㊷ 바라다 와 바래다　116쪽
㊸ 벌리다 와 벌이다　118쪽
㊹ 봉오리 와 봉우리　120쪽
㊺ 부수다 와 부시다　122쪽
㊻ 썩이다 와 썩히다　124쪽
㊼ 웃- 과 윗-　126쪽
㊽ 잃어버리다 와 잊어버리다　128쪽
㊾ -장이 와 -쟁이　130쪽
㊿ 채 와 체 와 째　132쪽
★ 쏙쏙문제　134쪽
★ 아차차, 맞춤법　136쪽

부록

　도움 답안　140쪽
　잊지 마! 맞춤법 퀴즈 카드　147쪽

이렇게 사용하세요

맞춤법 특공대를 찾아온 여러분을 환영합니다!

여러분은 '맞춤법'이라는 말을 들으면 어떤 생각이 드나요? 혹시 '따분하고 어려운 것'이라는 생각부터 들지는 않나요? 스마트폰으로 친구들과 이야기할 때는 줄임 말도 쓸 수 있고, 소리 나는 대로 써도 말이 다 통해요. 그런데 학교에서는 받아쓰기도 하고, 때때로 맞춤법을 잘 지켜 쓰라고 부모님께 잔소리를 듣기도 하죠. 말만 통하면 될 것 같은데 왜 맞춤법을 지켜야 하는 걸까요?

그 이유는 맞춤법을 지키는 일은 '우리말을 사랑하고 아끼는 가장 쉬운 방법'이기 때문이에요. 받침을 바르게 쓰고 올바른 낱말을 사용하는 것은 쉽지 않아요. 하지만 귀찮다고 해서 많은 사람들이 맞춤법을 무시하고 쓴다면 어떻게 될까요? 급하다고 교통신호를 지키지 않으면 차들로 도로가 복잡하고 위험해지는 것처럼, 맞춤법을 제대로 지키지 않는다면 우리의 말과 글은 금세 어지럽혀질 거예요.

어떻게 해야 재미있고 알차게 공부할 수 있을까요?

1단계! 흥미로운 게임으로 맞춤법과 친해져요. 맞춤법은 절대로 어렵거나 따분한 것이 아니에요. 맞춤법 게임으로 하루의 공부를 시작해 봐요. 미로를 통과하고 사다리를 타고 내려가 빈칸을 채우다 보면 어느새 맞춤법과 친해져 있을 거예요.
페이지의 QR코드를 스캔하면 정답과 해설을 영상으로 확인할 수 있어요.

2단계! 꼼꼼한 설명과 유용한 팁으로 맞춤법을 완벽하게 이해해요. 맞춤법 실수를 하는 이유는 가지각색이에요. 모음도 헷갈리고요, 받침도 헷갈리죠. 그래서 자주 틀리는 맞춤법을 종류별로 모아 두었어요. 낱말의 뜻과 쓰임새를 이해하고 바른 발음을 알면 맞춤법 실수를 줄일 수 있죠. 또한 짤막하지만 유용한 팁을 활용하면 맞춤법 실력이 더욱 단단해질 거예요.

3단계! 듣기, 읽기, 말하기, 쓰기로 확실하게 확인해요. 눈과 귀, 입과 손을 모두 쓰면 맞춤법을 확실하게 내 것으로 만들 수 있어요. 먼저 바른 발음을 들으면서 낱말이 어떻게 소리 나는지 들어요. 그 다음 문장에서 낱말이 어떻게 쓰이는지 눈으로 보고, 입으로 소리 내어 읽어 봐요. 마지막으로 낱말을 사용해 문장을 만들면 귀로, 눈으로, 입으로, 손으로 네 번 확인하게 되어 머릿속에 쏙쏙 기억된답니다.

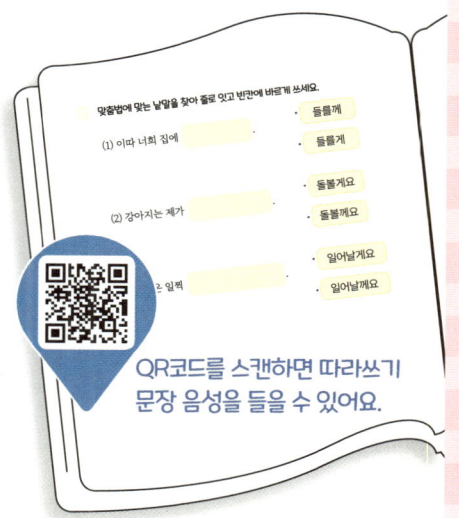

맞춤법 특공대라면 국어 공부도 놓칠 수 없겠죠?

맞춤법 특공대가 되어 맞춤법을 잘 알아 두면 국어 공부에 자신감이 생겨요. 맞춤법에는 우리말의 규칙이 담겨 있어요. 따라서 바른 맞춤법을 익히면 우리말을 보다 잘 이해할 수 있게 돼요. 또한 이 책에서는 초등학교 국어 교과서에서 담고 있는 기초 맞춤법을 아우르고 있어 학교 공부까지 완벽하게 준비할 수 있어요.

신나게 공부하며 우리말 사랑을 실천해요!

맞춤법은 외워야 하는 공부가 아니에요. 즐거운 놀이라고 생각하면 맞춤법과 더 가까워질 수 있어요. 평소에 틀리기 쉬운 맞춤법 표현들을 만화로 배워 보세요. 나도 모르게 잘못 쓰고 있던 표현들을 재미있는 만화로 이해하고 바로잡을 수 있어요. 또한 책의 맨 마지막에 맞춤법 특공대를 위한 퀴즈 카드가 있어요. 엄마, 아빠, 형, 언니, 동생, 친구들과 신나게 놀아 보세요. 스피드 퀴즈를 할 수도 있고요, 누가 더 많이 맞히나 대결을 할 수도 있어요. 그리고 새롭게 알게 된 바른 맞춤법들을 말과 글로 표현해 보세요. 더 많은 사람들이 올바른 표현을 알 수 있게 될 거예요.

맞춤법 특공대가 될 준비가 되었나요? 그럼 힘차게 출발해 볼까요?

제 1 장

소리가 비슷해서 틀리기 쉬운 말

한글 맞춤법의 기본은 '소리대로 쓰는 것'이에요. 하지만 소리 나는 대로만 쓰면 낱말의 원래 모양과 뜻을 알 수 없는 경우가 많아요. 그래서 '규칙에 맞게' 낱말의 모양을 살려 써야 하죠. 여기서는 소리가 비슷하게 들리거나, 발음을 잘못 알고 있어 틀리기 쉬운 낱말의 예를 살펴보며 올바른 맞춤법을 익혀 봐요.

학습 내용

1. 같아요 와 같애요
2. 금세 와 금새
3. 네가 와 너가 와 니가
4. 며칠 과 몇일
5. 오랜만 과 오랫만
6. -이에요 와 -이예요 / -이었다 와 -이였다
7. 잠그다 와 잠구다
8. 찌개 와 찌게
9. -ㄹ게요 와 -ㄹ께요
10. -이 와 -히
11. -려고 와 -ㄹ려고

1 같아요 와 같애요

★ 빈칸에 들어갈 낱말은 무엇일까요? 사다리를 따라가 보세요.

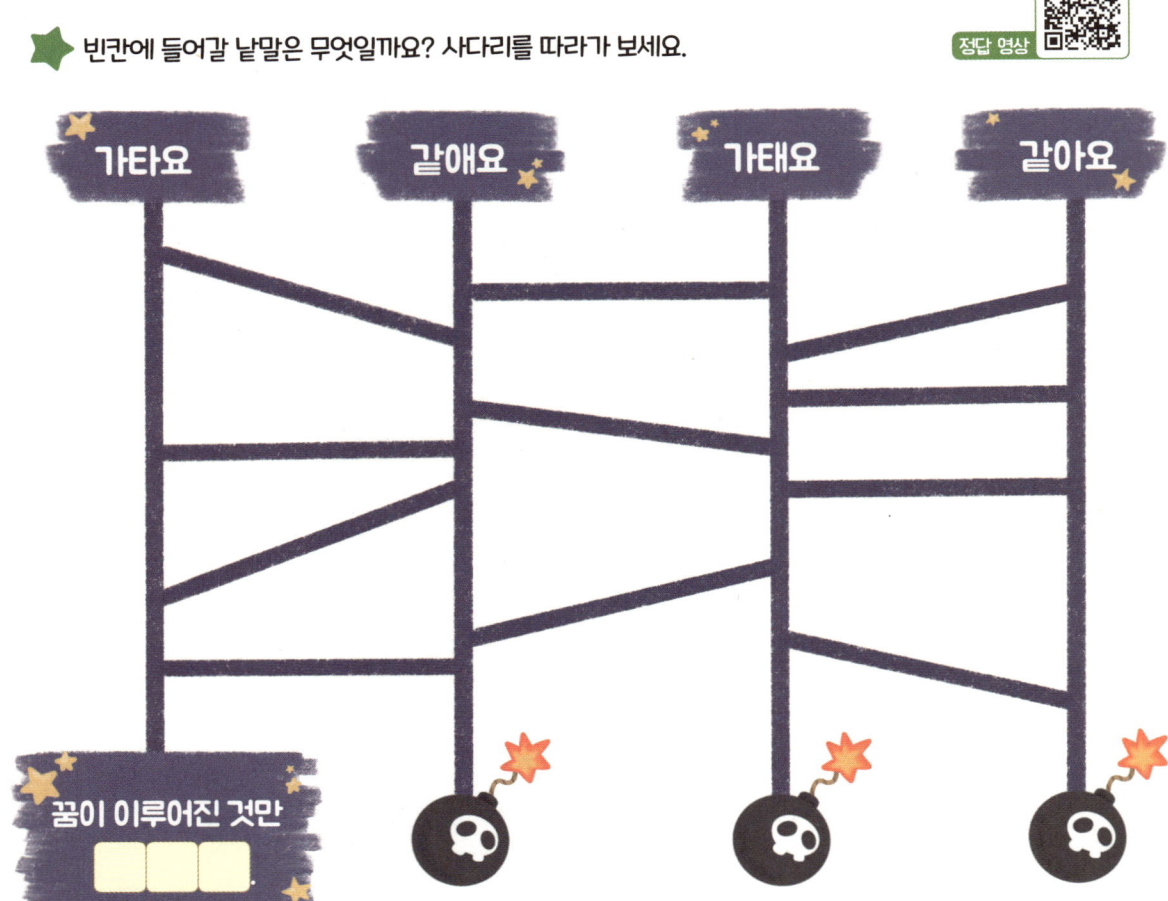

'같아요'는 평소 말하는 습관 때문에 글을 쓸 때에도 실수하기 쉬운 말이에요. '같아요'라고 말해야 할 때 '같애요'라고 하다 보니 쓸 때도 '같애요'로 써 버리죠. '같아요'는 '같다'라는 낱말 뒤에 설명을 할 때 쓰는 '-아요'가 붙은 말이에요. 또박또박 따라 읽으면서 소리와 모양을 함께 기억해 봐요.

예) 곧 비가 올 것 같아요.
머리에 열이 나는 것 같아요.

1 문장을 소리 내어 읽고 맞춤법에 맞게 따라 쓰세요.

(1) 우리가 이길 것 같아요.

(2) 젓가락 두 짝이 똑같아요.

2 맞춤법에 맞는 낱말에 O표 하고 빈칸에 바르게 쓰세요.

(1) 엄마의 웃는 얼굴이 해바라기 [같아요 | 같애요] .

→ 엄마의 웃는 얼굴이 해바라기 _____ .

(2) 달나라에 토끼가 살고 있을 것 [같애요 | 같아요] .

→ 달나라에 토끼가 살고 있을 것 _____ .

(3) 하얀 목련꽃이 마치 솜사탕 [같아요 | 같애요] .

→ 하얀 목련꽃이 마치 솜사탕 _____ .

3 맞춤법에 맞는 낱말에 O표 하고, 그 낱말을 넣어 문장을 쓰세요.

[같어요] [같아요] [가타요] [같애요]

→ _____

2 금세 와 금새

 빈칸에 들어갈 낱말은 무엇일까요? 미로를 통과해 보세요.

정답 보기

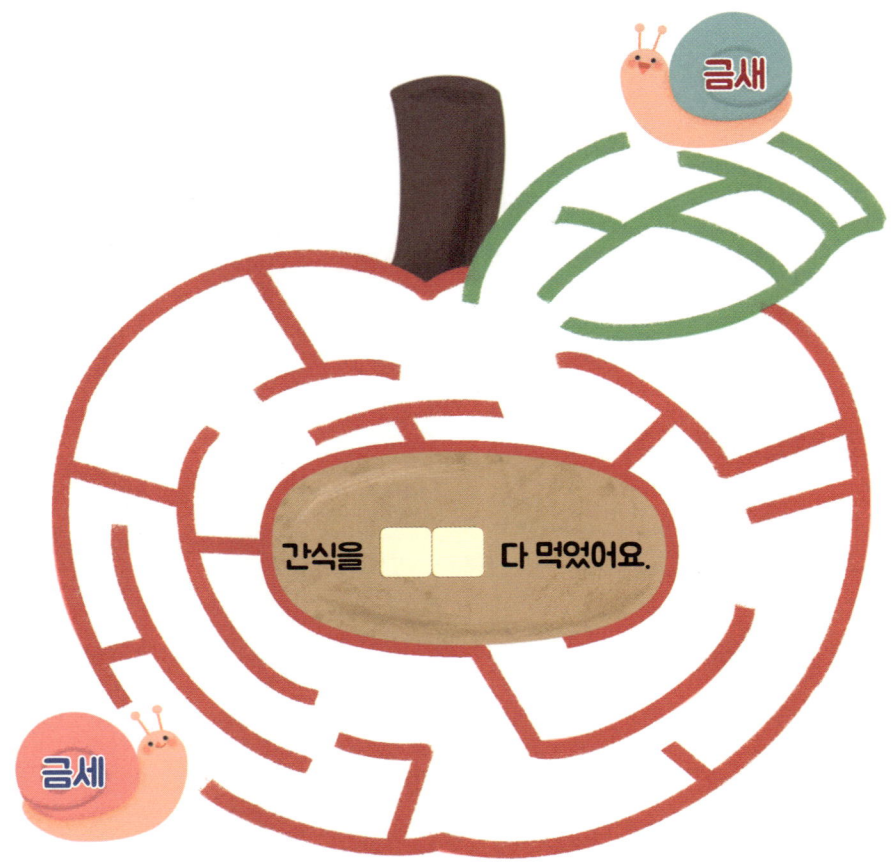

'지금 바로' 또는 '곧바로'라는 뜻을 나타내는 낱말은 '금세'예요. 그런데 '금새'라고 잘못 알고 쓰는 일이 많아요. '금세'는 '금시에'라는 말이 줄어든 것인데 '시'와 '에'가 만나 '세'가 된 것이기 때문에 '금세'로 써야 해요. 줄어들기 전 낱말의 모양을 잘 기억해서 바르게 쓰도록 해요.

예) 아기가 금세 잠들었어요.
옆집 아이와 금세 친구가 되었어요.

'온몸이 금으로 된 새(금새)는 없다'라고 기억하면 헷갈리지 않아요.

꼼꼼확인

월   일   요일

1 문장을 소리 내어 읽고 맞춤법에 맞게 따라 쓰세요.

(1) 더워서 금세 땀이 나요.

(2) 용돈을 금세 다 썼어요.

2 맞춤법에 맞는 낱말에 O표 하고 빈칸에 바르게 쓰세요.

(1) [금세 / 금새] 라도 비가 쏟아질 것 같아요.

→ _____ 라도 비가 쏟아질 것 같아요.

(2) 달리기를 했더니 [금새 / 금세] 배가 고파졌어요.

→ 달리기를 했더니 _____ 배가 고파졌어요.

(3) 친구의 얼굴을 보니 [금세 / 금새] 화가 풀렸어요.

→ 친구의 얼굴을 보니 _____ 화가 풀렸어요.

3 맞춤법에 맞는 낱말에 O표 하고, 그 낱말을 넣어 문장을 쓰세요.

[금세]   [금새]

→

3 네가 와 너가 와 니가

★ 빈칸에 들어갈 낱말은 무엇일까요? 사다리를 따라가 보세요.

☐☐ 좋아하는 가수는 누구야?

'네가'라고 써야 할 자리에 '너가' 또는 '니가'라고 잘못 쓰는 일이 많아요. '너' 뒤에 '는, 를, 도' 등의 말이 오면 '너는, 너를, 너도'이지만 '가'가 오면 '네가'와 같이 바뀌어요. 그런데 쉽게 발음하려고 '니가'나 '너가'로 말하다 보니 쓸 때도 잘못 쓰는 경우가 많아요. 낱말이 바뀌는 모양을 바르게 알고 정확하게 쓰도록 해요.

예) 네가 1반 반장이구나.
　　네가 쓴 편지 잘 받았어.

'나'라는 말 뒤에 조사 '가'가 올 때 '내가'가 되는 것처럼 '너' 뒤에 '가'가 오면 '네가'가 돼요.

*조사: '이, 가, 은, 는'처럼 다른 낱말을 도와주는 낱말

예) 수빈아, 이 책 (네가 / 너가) 가져온 거니?
　　응, 맞아. (내가 / 나가) 가져온 거야.

꼼꼼확인

월   일   요일

1 문장을 소리 내어 읽고 맞춤법에 맞게 따라 쓰세요.

(1) 나는 네가 자랑스러워.

(2) 오늘은 네가 주인공이야.

2 맞춤법에 맞는 낱말을 <보기>에서 찾아 빈칸에 바르게 쓰세요.

| 보기 | 니 | 너 | 네 | 니가 | 너가 | 네가 |

시온아, ☐의 생일을 축하해.

무엇을 주면 ☐ 기뻐할지 고민하다가

요즘 인기 있는 인형을 준비했어. 마음에 들었으면 좋겠어.

유건이가

3 맞춤법에 맞는 낱말에 O표 하고, 그 낱말을 넣어 문장을 쓰세요.

   니가   너가   네가

4 며칠 과 몇일

★ 빈칸에 들어갈 낱말은 무엇일까요? 선을 따라가 보세요.

'그달의 몇째 날' 또는 '몇 날'을 가리켜 말할 때에는 '며칠'이라고 써야 해요. '몇 월'이라는 말이 있으니 '몇일'이라고 쓸 수 있을 것 같지만 어느 때라도 '몇일'이라고 쓰는 경우는 없기 때문에 '며칠'로만 쓴다는 것을 알아 두어요.

예 며칠째 화장실에 못 갔어요.
　　오늘이 며칠이었지?

꼼꼼확인

월   일   요일

1 문장을 소리 내어 읽고 맞춤법에 맞게 따라 쓰세요.

(1) 며칠 뒤면 제 생일이에요.

(2) 아파서 며칠 쉬었어요.

2 맞춤법에 맞는 낱말에 O표 하고 빈칸에 바르게 쓰세요.

(1) 이번 여행은 몇 박 [며칠 | 몇일] 이에요?
→ 이번 여행은 몇 박 _____ 이에요?

(2) 아빠는 [며칠 | 몇일] 간 출장을 가셨어요.
→ 아빠는 _____ 간 출장을 가셨어요.

(3) [몇일 | 며칠] 이나 씻지 못했어요.
→ _____ 이나 씻지 못했어요.

3 맞춤법에 맞는 낱말에 O표 하고, 그 낱말을 넣어 문장을 쓰세요.

[며칠] [몇칠] [몇일]

→ _____

5 오랜만 과 오랫만

빈칸에 들어갈 낱말은 무엇일까요? 낱말을 찾아 동그라미 치세요.

☐☐☐ 에 하늘이 맑아요.

'어떤 일이 있은 때로부터 시간이 오래 지난 뒤'를 뜻하는 낱말은 '오랜만'이에요. 그런데 '매우 긴 시간'이라는 뜻의 '오랫동안'이라는 낱말과 비슷하게 생각해 '오랫만'이라고 잘못 쓰는 경우가 많아요. 바른 표현은 '오랜만'이고, '오랫만'은 틀린 표현이니 혼동하지 않도록 주의해요.

예) 오랫동안 보지 못했던 친구를 오랜만에 만났다.

'오래간만'이라는 낱말이 줄어서 '오랜만'이 되었다는 것을 기억하면 맞춤법 실수를 줄일 수 있어요.

 **꼼꼼확인**

1 문장을 소리 내어 읽고 맞춤법에 맞게 따라 쓰세요.

(1) 오랜만에 늦잠을 잤어요.

(2) 가족 여행은 오랜만이에요.

2 맞춤법에 맞는 낱말에 O표 하고 빈칸에 바르게 쓰세요.

(1) [오랜만 | 오랫만] 이야, 잘 지냈니?

→ _____ 이야, 잘 지냈니?

(2) [오랜만 | 오랫만] 에 친척들이 모였어요.

→ _____ 에 친척들이 모였어요.

(3) [오랫만 | 오랜만] 의 외식에 신이 나요.

→ _____ 의 외식에 신이 나요.

3 맞춤법에 맞는 낱말에 O표 하고, 그 낱말을 넣어 문장을 쓰세요.

[오랜만] [오랫만]

→ _____

6 -이에요 와 -이예요 / -이었다 와 -이였다

★ 빈칸에 들어갈 낱말은 무엇일까요? 미로를 통과해 보세요.

'-이에요'와 '-이었다'가 바른 표현이고, '-이예요'와 '-이였다'는 잘못된 표현이에요. 그런데 '-이에요', '-이었다'는 마치 '-이예요', '-이였다'처럼 들리기 때문에 어른들도 자주 틀리곤 해요. 받침이 있는 말 뒤에는 '-이에요', '-이었다'가 붙고 받침이 없는 말 뒤에는 준말인 '-예요', '-였다'가 붙어요. 맞춤법 규칙을 생각하며 차근차근 따라 써 보세요.

예) 오늘은 월요일이에요. / 동생은 고집쟁이예요.
    깜깜한 밤이었어요. / 그는 독립운동가였어요.

받침이 있는 이름에 붙여서 연습하면 쉽게 기억할 수 있어요.
예) 내 이름은 정지훈이에요. / 내 이름은 지훈이예요.
    지훈이가 만든 것이에요. / 지훈이가 만든 거예요.
    └── 받침(O)   └── 받침(X)

꼼꼼확인

월   일   요일

1 문장을 소리 내어 읽고 맞춤법에 맞게 따라 쓰세요.

(1) 첫눈이에요. 나가서 눈싸움을 할 거예요.

(2) 일 등은 한국이었고, 이 등은 캐나다였어요.

2 맞춤법에 맞는 낱말을 〈보기〉에서 찾아 빈칸에 바르게 쓰세요.

| 보기 | 이였어요   이었어요   에요   예요   이예요   이에요 |

나의 꿈

어릴 때는 선생님이 되는 게 꿈 _____ . 지금 나의 첫 번째 꿈은 아이돌 가수 _____ . 두 번째 꿈은 유명해져서 전 세계를 다니며 공연을 하는 것 _____ . 꿈을 이루기 위해서 매일 노래와 춤 연습을 열심히 하고 있어요.

3 맞춤법에 맞는 낱말에 O표 하고, 그 낱말을 넣어 문장을 쓰세요.

이예요   이여요   이에요

➡

7 잠그다 와 잠구다

★ 빈칸에 들어갈 낱말은 무엇일까요? 선을 따라가 보세요.

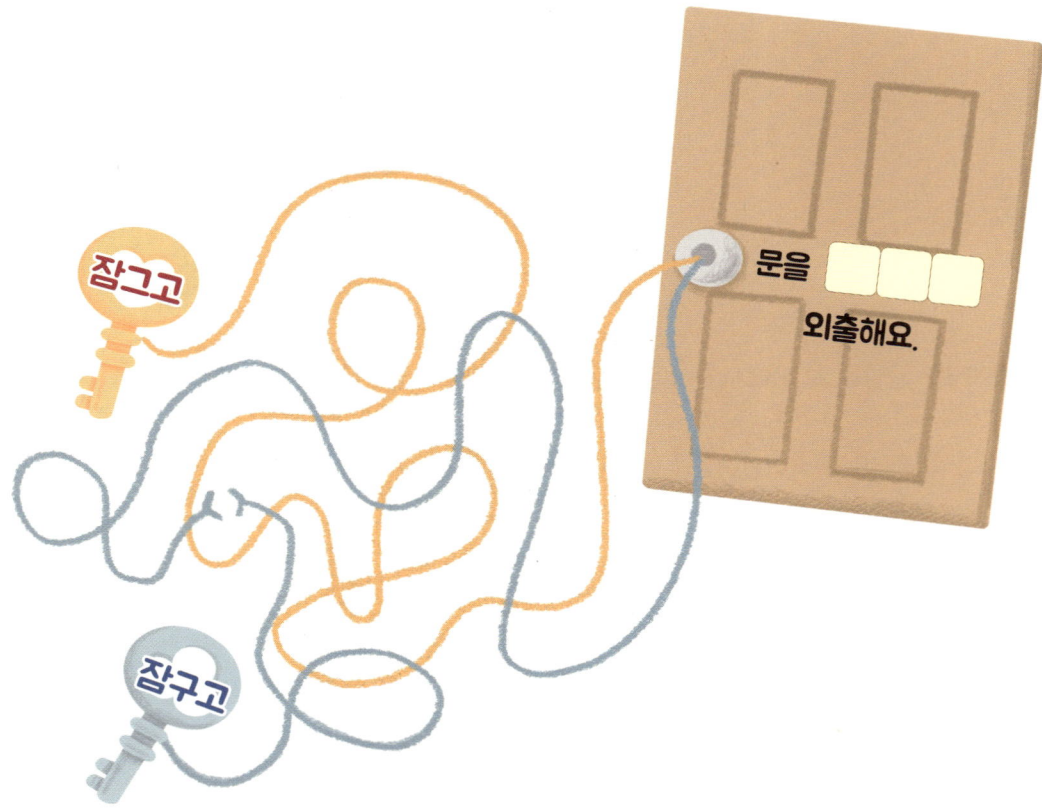

'잠그다'는 '자물쇠를 채워 열고 닫지 못하게 하다', '물, 가스 등이 새지 않게 막다', '옷에 달린 단추를 채우다' 등의 뜻을 가진 낱말이에요. 문장에서 '잠가, 잠그니'와 같이 쓰여요. 그런데 '잠그다'를 '잠구다'로 잘못 알고 '수도꼭지를 잠궈 주세요', '문을 잠구세요'처럼 쓰는 일이 많아요. 낱말의 원래 모습과 바뀌는 모습을 잘 기억해서 바르게 쓰도록 해요.

예) 문을 잠갔는지 기억이 안 나요.
바람이 부니 단추를 꼭 잠가라.

꼼꼼확인

월   일   요일

1 문장을 소리 내어 읽고 맞춤법에 맞게 따라 쓰세요.

(1) | 수 | 도 | 를 | | 잠 | 그 | 고 | | 양 | 치 | 해 | 요 | . |

(2) | 외 | 출 | 할 | | 때 | 는 | | 문 | 을 | | 잠 | 가 | 요 | . |

2 맞춤법에 맞는 낱말을 찾아 줄로 잇고 빈칸에 바르게 쓰세요.

(1) 범인은 입을 [   ] 채 아무 말도 하지 않았다.

· 잠근
· 잠군

(2) 문을 [   ] 하는데 열쇠가 없어요.

· 잠가야
· 잠궈야

(3) 가스를 [   ] 한 번 더 확인해요.

· 잠궜는지
· 잠갔는지

3 맞춤법에 맞는 낱말에 ○표 하고, 그 낱말을 넣어 문장을 쓰세요.

   잠가요   잠궈요   잠거요   잠그어요

➡

8 찌개 와 찌게

★ 빈칸에 들어갈 낱말은 무엇일까요? 낱말을 찾아 동그라미 치세요.

보글보글 김치 ◻◻ 가 끓고 있어요.

찌개는 밥상 위의 대표 선수예요. 그런데 '개'와 '게'의 발음이 서로 비슷하다 보니 '찌개'를 '찌게'라고 잘못 쓰는 일이 많아요. 식당의 메뉴판에도 '찌게'라고 잘못 쓴 경우가 많이 있어요. 올바른 맞춤법을 알았으니 낱말의 모양을 기억하며 바르게 쓰도록 해요.

예) 된장**찌개**가 구수해요.
　　오늘 저녁은 순두부**찌개**예요.

'찌' 뒤에 '개'가 들어가는 다른 낱말을 붙여서 기억하면 틀리지 않아요. 정말 쉽죠?
예) 김치찌개구리! / 된장찌개나리!

꼼꼼확인

월   일   요일

1 문장을 소리 내어 읽고 맞춤법에 맞게 따라 쓰세요.

(1) 된장찌개가 먹음직스러워요.

(2) 맛있는 찌개에 손이 가요.

2 맞춤법에 맞는 낱말에 O표 하고 빈칸에 바르게 쓰세요.

(1) 김치 [찌개 | 찌게] 의 간을 맞추어요.

→ 김치 _____ 의 간을 맞추어요.

(2) 순두부 [찌개 | 찌게] 가 팔팔 끓어요.

→ 순두부 _____ 가 팔팔 끓어요.

(3) 갓 끓인 [찌게 | 찌개] 를 한입 맛봐요.

→ 갓 끓인 _____ 를 한입 맛봐요.

3 맞춤법에 맞는 낱말에 O표 하고, 그 낱말을 넣어 문장을 쓰세요.

[찌개]   [찌게]

→

9 -ㄹ게요 와 -ㄹ께요

⭐ 빈칸에 들어갈 낱말은 무엇일까요? 선을 따라가 보세요.

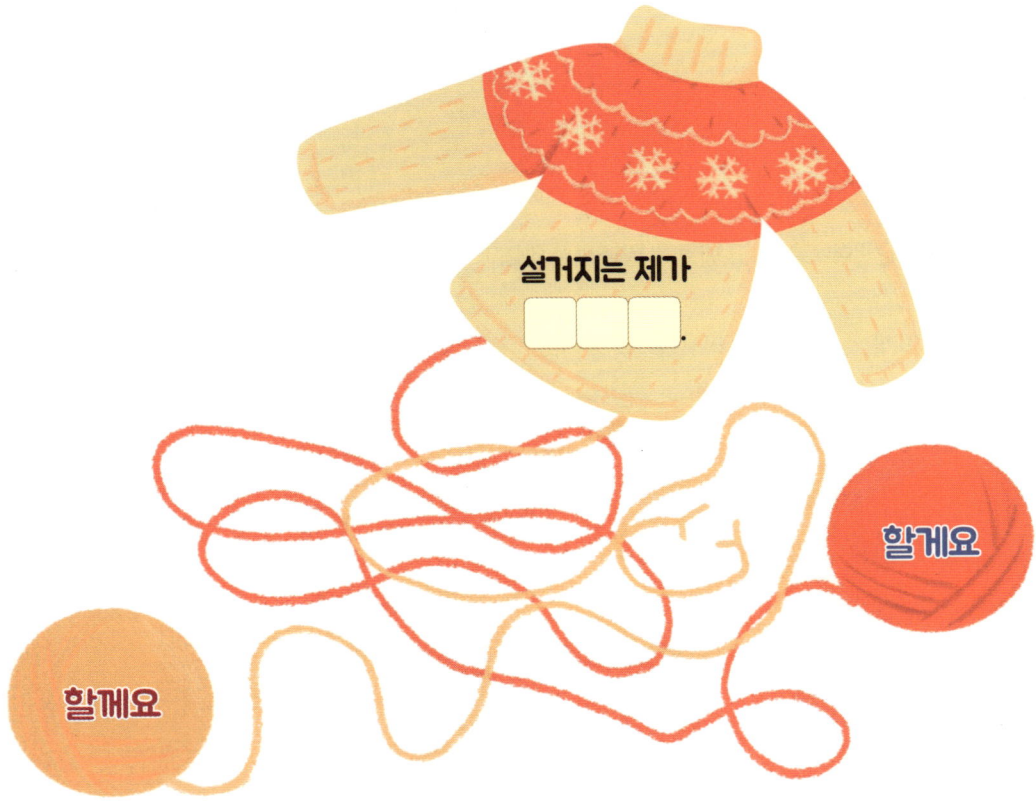

'갈게요'라는 문장을 소리 내어 읽어 보면 [갈께요]라고 소리 나요. 앞 글자의 받침 'ㄹ' 때문에 뒤의 'ㄱ'이 세게 발음되는 것인데, 쓸 때도 '갈께요'라고 잘못 쓰는 경우가 많아요. 하지만 쓸 때는 원래 낱말의 모양 그대로 써야 해요. 비슷한 예로 '할 거야', '부탁할걸' 등도 '할 꺼야', '부탁할껄'처럼 쓰면 틀리니 함께 알아 두어요.

예 내가 도와줄게.   할머니께 편지를 쓸게요.

'ㄲ'으로 써야 할지 'ㄱ'으로 써야 할지 헷갈린다면 물음의 의미가 있는지를 생각해 보세요. 물음의 의미가 있다면 'ㄲ', 그렇지 않다면 대부분 'ㄱ'으로 써요.

예 무엇을 먹을까? / 어쩜 이리 예쁠꼬? ⇦ 물음의 의미를 나타내요.
　　이따 정리할 거예요. / 내 키가 더 클걸. ⇦ 물음의 의미가 없어요.

꼼꼼확인

월   일   요일

1 문장을 소리 내어 읽고 맞춤법에 맞게 따라 쓰세요.

(1) 오 늘 은   바 지 를   입 을 게 요 .

(2) 어 깨 를   주 물 러   드 릴 게 요 .

2 맞춤법에 맞는 낱말을 찾아 줄로 잇고 빈칸에 바르게 쓰세요.

(1) 이따 너희 집에 _____.

• 들를께
• 들를게

(2) 강아지는 제가 _____.

• 돌볼게요
• 돌볼께요

(3) 내일은 일찍 _____.

• 일어날게요
• 일어날께요

3 맞춤법에 맞는 낱말에 O표 하고, 그 낱말을 넣어 문장을 쓰세요.

닦을게요   닦을께요

 _____

10 -이 와 -히

빈칸에 들어갈 낱말은 무엇일까요? 사다리를 따라가 보세요.

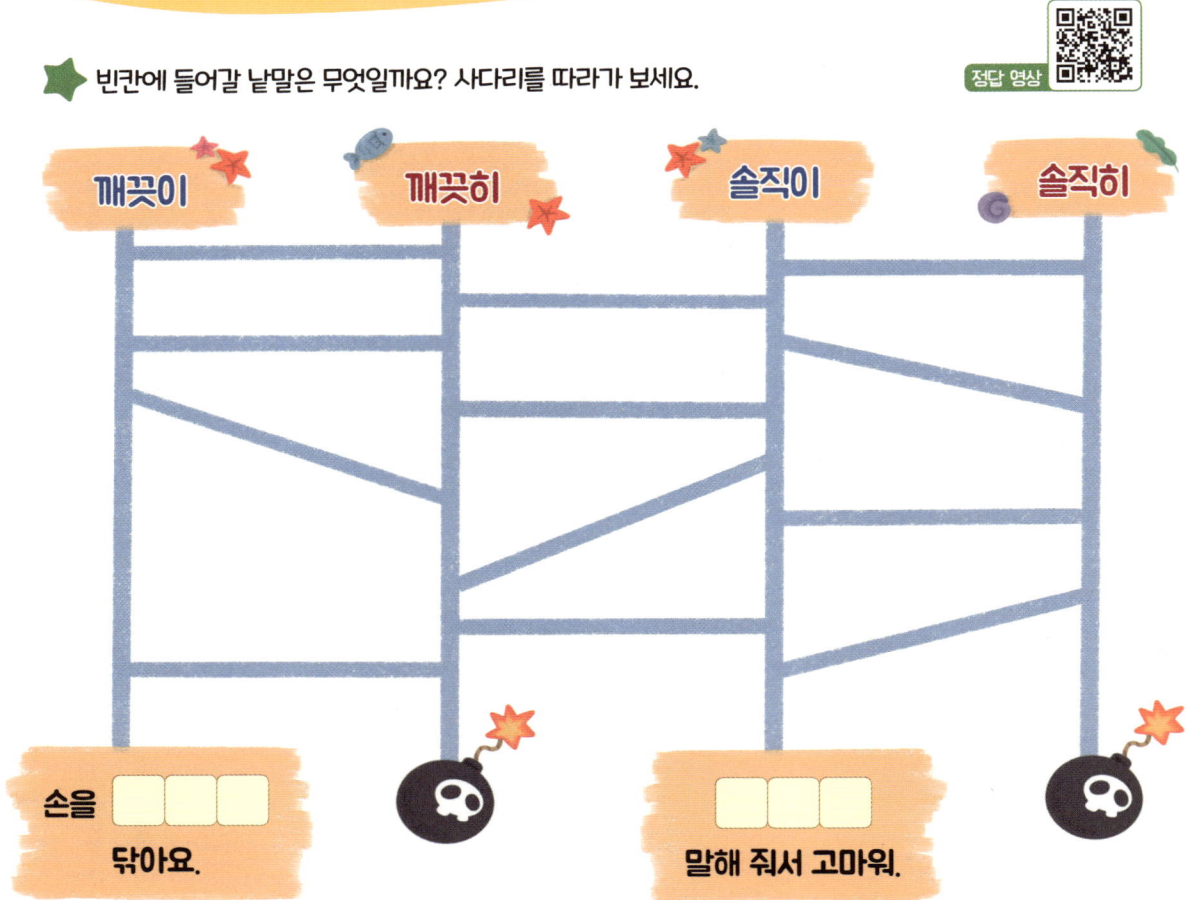

'-이'와 '-히'는 모양과 소리가 비슷해 구별하기 어렵지만 규칙을 이해하면 실수를 줄일 수 있어요. '-이'는 보통 '깨끗하다'의 '깨끗'처럼 'ㅅ' 받침이 있을 때나 '틈틈이'처럼 같은 말이 반복될 때 써요. 한편 '-히'는 '나란히'처럼 낱말 뒤에 '-하다'가 붙을 수 있는 말에 써요.

예) 가지마다 열매가 줄줄이 열렸어요.   나란히 어깨동무를 하고 걸어요.

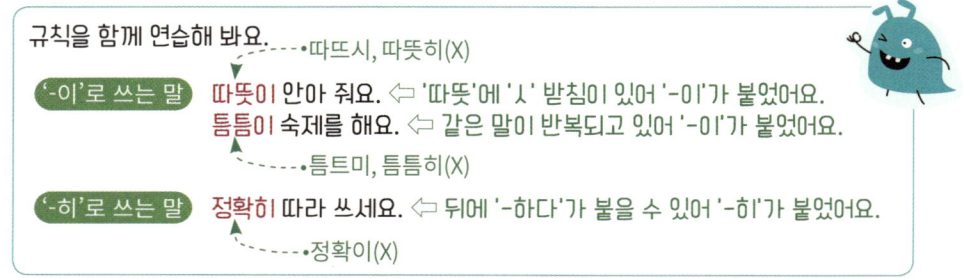

꼼꼼확인

월   일   요일

1 문장을 소리 내어 읽고 맞춤법에 맞게 따라 쓰세요.

(1) 틈틈이 낀 먼지를 털어요.

(2) 가만히 누워 생각을 해요.

2 맞춤법에 맞는 낱말을 〈보기〉에서 찾아 빈칸에 바르게 쓰세요.

| 보기 | 깨끗히   깨끗이   반듯히   반듯이   꼼꼼히   꼼꼼이 |

하늘 도서관에 어서 오세요

도서관을 이용할 때는,

1. 빌린 책은 _____ 읽고 반납해요.

2. 다 읽은 책은 제자리에 _____ 꽂아 둬요.

3. 돌아갈 때는 잊은 물건이 없는지 _____ 챙겨요.

3 맞춤법에 맞는 낱말에 O표 하고, 그 낱말을 넣어 문장을 쓰세요.

곰고미   곰곰히   곰곰이

→

11 -려고 와 -ㄹ려고

빈칸에 들어갈 낱말은 무엇일까요? 미로를 통과해 보세요.

어떤 일을 하겠다는 뜻을 나타낼 때는 '하려고'처럼 낱말의 뒤에 '-려고'를 붙여요. 그런데 발음을 혼동하여 '할려고'처럼 'ㄹ' 받침을 붙여 말하다 보니 쓸 때도 실수를 해요. '다' 앞에 받침이 없는 낱말이나 'ㄹ' 받침이 있는 낱말에는 '-려고'를 붙이고, 다른 받침이 있는 낱말에는 '-으려고'를 붙여요. 차근차근 따라 쓰면서 규칙을 익혀 보세요.

예) 태권도를 배우려고 해요.
빵을 만들려고 준비해요.
잠자리를 잡으려고 해요.

꼼꼼확인

월   일   요일

1 문장을 소리 내어 읽고 맞춤법에 맞게 따라 쓰세요.

(1) 집에 가려고 버스를 타요.

(2) 꿈을 이루려고 노력해요.

2 맞춤법에 맞는 낱말을 찾아 줄로 잇고 빈칸에 바르게 쓰세요.

(1) 과일을 _____ 가게에 가요.   · 살려고
　　　　　　　　　　　　　　　　　· 사려고

(2) 편지를 _____ 우체국에 가요.   · 부치려고
　　　　　　　　　　　　　　　　　· 부칠려고

(3) 친구를 _____ 집을 나서요.   · 만나려고
　　　　　　　　　　　　　　　　　· 만날려고

3 맞춤법에 맞는 낱말에 O표 하고, 그 낱말을 넣어 문장을 쓰세요.

　　줄라고　　주려고　　줄려고

➡ _____

쏙쏙문제

1 밑줄 친 낱말이 바르게 쓰인 것에는 O표, 틀린 것에는 X표 하세요.

(1) 가스를 잘 <u>잠갔는지</u> 항상 확인해요.　☐

(2) 나경이 생일이 몇 월 <u>며칠</u>이더라?　☐

(3) <u>니가</u> 내 친구라서 정말 좋아.　☐

(4) 제가 짐 옮기는 걸 도와 <u>드릴께요</u>.　☐

(5) 비가 그치더니 <u>금세</u> 하늘이 맑아졌어요.　☐

2 빈칸에 들어갈 알맞은 낱말을 <보기>에서 골라 쓰세요.

보기	나란히　나란이　　같애요　같아요　　오랜만에　오랫만에　　된장찌개　된장찌게

(1) 강아지들이 ＿＿＿＿＿ 앉아 밥을 먹어요.

(2) 길이 미끄러워 넘어질 것 ＿＿＿＿＿.

(3) ＿＿＿＿＿ 공원으로 가족 소풍을 나왔어요.

(4) 아빠가 끓인 ＿＿＿＿＿ 는 정말 맛있어요.

3 맞춤법에 맞는 낱말을 찾아 O표 하세요.

(1) 다람쥐가 겨우내 [먹으려고 : 먹을려고] 열매를 모아요.

(2) 가수의 공연을 직접 본 것은 처음 [이였어요 : 이었어요].

(3) 은지야, 이따 너희 집에 가기 전에 [전화할께 | 전화할게].

(4) 어제는 내가 술래였으니까 오늘은 [네가 | 너가] 술래야.

(5) 추운 날에는 옷을 [겹겹이 | 겹겹히] 껴 입으면 따뜻해요.

4 밑줄 친 낱말을 맞춤법에 맞게 고쳐 쓰세요.

(1) <u>몇일</u>만 있으면 여름 방학이 시작돼요. ➡

(2) 너무 큰 옷을 입었더니 난쟁이 <u>같앴어요</u>. ➡

(3) 제가 언니고, 희경이가 <u>동생이예요</u>. ➡

5 빈칸에 들어갈 낱말을 찾아 알맞게 이으세요.

(1) _____가 식어서 데워서 먹었어요.
- 찌개
- 찌게

(2) 많이 피곤했는지 _____ 잠이 들었어요.
- 금새
- 금세

(3) 문을 _____ 나오는 것 잊지 않았지?
- 잠그고
- 잠구고

(4) 진아야, _____. 그동안 잘 지냈니?
- 오랫만이야
- 오랜만이야

 ## 쏙쏙문제

6 친구들의 대화에서 맞춤법이 틀린 부분을 찾고 바르게 고쳐 쓰세요.

> 은우: 내 방을 ㉠깨끗이 청소해서 칭찬받았어.
> 진경: ㉡네가 청소를 하다니 놀라운걸!
> 은우: 이제부터는 부지런히 방 청소를 해 ㉢볼려고.
> 진경: 은우, 너 정말 대단하다.

(1) 맞춤법이 틀린 부분	(2) 바르게 고쳐 쓰기

7 그림을 보고 <보기>에서 알맞은 낱말을 찾아 쓰세요.

보기	몇칠 며칠 였어요 었어요 않을께요 않을게요

(1) _____ 뒤가 유정이 생일이었네!

(2) 창밖에 보이는 것은 무지개 _____ .

(3) 이제는 동생과 다투지 　　　　　.

8 뜻풀이에 맞는 낱말을 찾아 √표 하고 바르게 옮겨 쓰세요.

(1) 고기와 채소를 넣고 갖은 양념을 한 뒤 물을 적게 넣어 끓여 먹는 음식

　　□ 찌개　　□ 찌게

(2) 시간이 오래 지난 뒤. '오래간만'을 줄인 말

　　□ 오랫만　　□ 오랜만

(3) 자물쇠를 채우거나 빗장을 걸어 열고 닫지 못하게 하다.

　　□ 잠구다　　□ 잠그다

아차차! 맞춤법

배가 고픈데 먹을 수가 없다니!

옳은 표현을 알아봐요!

돈가스 일본어에서 온 말이에요. 돼지를 뜻하는 '돈'과 영어의 '커틀릿'이 합쳐졌어요. '돈까스'나 '돈카츠' 등 여러 모양으로 쓰이지만 표기법에 맞는 것은 '돈가스'예요.

떡볶이 '떡볶이'는 '떡'과 '볶이'가 합쳐진 낱말이에요. '볶이'는 '볶다'라는 말에 이름을 나타내는 낱말을 만드는 말인 '-이'가 붙어서 만들어진 것이에요.

오므라이스 '오므라이스'도 일본어에서 왔어요. 영어의 '오믈렛'과 '라이스'가 합쳐진 말이에요. '오무라이스'라고 잘못 쓰는 경우가 많지만 바른 표기는 '오므라이스'예요.

소시지볶음 쫀득쫀득 맛있는 '소세지'의 바른 표기는 '소시지'예요. 외국에서 온 말을 우리말로 옮길 때에도 규칙이 있으니 알맞은 표기를 기억해요.

제 2 장

모음에 주의해서 써야 하는 말

우리말에는 21개의 모음이 있고, 각각의 모음들은 저마다 고유한 소리를 갖고 있어요. 하지만 'ㅐ'와 'ㅔ', 'ㅚ'와 'ㅙ'처럼 모양과 소리가 비슷한 모음들이 있어서 뭘 써야 할지 헷갈리는 일이 많아요. 여기서는 모음에 주의해서 써야 하는 낱말의 예를 살펴보며 올바른 맞춤법을 익혀 봐요.

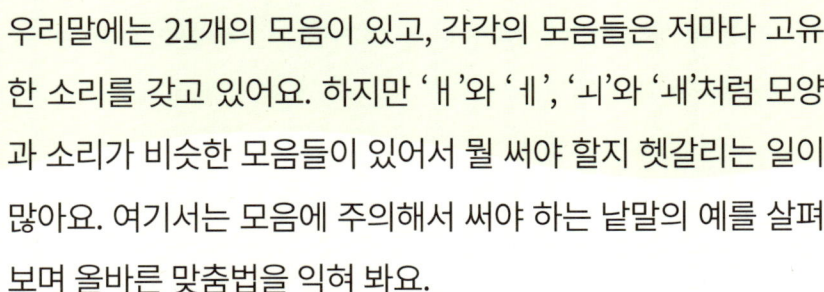

학습 내용

12 되 와 돼
13 띠다 와 띄다
14 매다 와 메다
15 배다 와 베다
16 왠 과 웬

12 되 와 돼

 빈칸에 들어갈 낱말은 무엇일까요? 낱말을 찾아 동그라미 치세요.

'되'와 '돼'는 모양과 소리가 비슷해 어른들도 많이 틀리곤 해요. '돼'는 '되어'가 줄어든 것으로 원래 낱말의 기본형은 '되다'예요. '되지, 되고, 됩니다' 등은 '되'로 쓰고 '되어'가 줄어든 '됐다, 돼서, 돼야' 등은 '돼'로 써요. '되'와 '돼'가 헷갈릴 때에는 '되어'를 넣었을 때 문장이 자연스러우면 '돼'를, 그렇지 않으면 '되'를 쓰면 돼요.

예) 아이돌 가수가 되고 싶어요.   공연에서 실수할까 봐 걱정돼요.

'하다'의 '하'와 '해'를 넣어서 구별할 수도 있어요.
헷갈리는 곳에 '하'가 어울리면 '되'를, '해'가 어울리면 '돼'를 써요.

예) 이 과자 내가 먹어도 (되 / 돼)? ← '먹어도 하'는 어색하고 '먹어도 해'가 어울려요.
　　괜찮아, 다음에 잘하면 (되지 / 돼지). ← '잘하면 해지'는 어색하고 '잘하면 하지'가 어울려요.

월   일   요일

1 문장을 소리 내어 읽고 맞춤법에 맞게 따라 쓰세요.

(1) 가을이 되니 선선해졌어요.

(2) 같은 반이 돼서 다행이야.

2 맞춤법에 맞는 낱말을 찾아 줄로 잇고 빈칸에 바르게 쓰세요.

(1) 언니는 올해 중학생이 _____.

• 됬다
• 됐다

(2) 큰 나무가 _____ 열심히 물을 줘요.

• 되라고
• 돼라고

(3) 잔디밭에 함부로 들어가면 안 _____.

• 됩니다
• 됍니다

3 맞춤법에 맞는 낱말에 O표 하고, 그 낱말을 넣어 문장을 쓰세요.

돼려고   됄려고   되려고   될려고

➡

13 띠다 와 띄다

⭐ 빈칸에 들어갈 낱말은 무엇일까요? 선을 따라가 보세요.

'띠다'는 '빛깔을 지니거나 얼굴에 감정을 나타낸다'는 뜻이고, '띄다'는 '뜨이다'의 준말로 '어떤 것이 눈에 보이거나, 남보다 훨씬 두드러진다'는 뜻이에요. 두 낱말은 모두 [띠다]로 소리 나서 헷갈리기 쉬워요. '노란빛을 띤 개나리가 눈에 띄다'라는 문장으로 뜻과 쓰임새를 기억해 봐요.

예) 파란빛을 띤 바다
   흰머리가 눈에 띄어요.

'띄다'는 '눈에'라는 말과 자주 같이 쓰여요.
무엇이 맞는지 헷갈릴 때는 '눈에'라는 말을 넣어서
자연스러우면 '띄다'를 쓰고, 말이 안 되면 '띠다'를 쓰면 되겠지요.

눈에(O)
예) (띄는 / 띠는) 옷을 입고 춤을 춰요.
   미소를 (띈 / 띤) 얼굴
   눈에(X)

월   일   요일

1 문장을 소리 내어 읽고 맞춤법에 맞게 따라 쓰세요.

(1) | 일 | 곱 | | 빛 | 깔 | 을 | | 띤 | | 무 | 지 | 개 | | |

(2) | 빨 | 간 | | 지 | 붕 | 이 | | 눈 | 에 | | 띄 | 다 | . |

2 맞춤법에 맞는 낱말을 〈보기〉에서 찾아 빈칸에 바르게 쓰세요.

| 보기 | 띄었다   띠었다   띈   띤   띄고   띠고 |

제주도 여행

○학년 ○반 전수아

제주도에 갔더니 곳곳에 핀 유채꽃이 눈에 ☐☐☐☐. 노란빛을 ☐☐☐ 유채꽃이 넓게 펼쳐진 꽃밭에서 너도나도 얼굴에 환한 미소를 ☐☐☐ 사진을 찍었다. 음식도 맛있고 바다도 멋있었지만 가족들의 행복한 미소와 노란 유채꽃이 가장 기억에 남는다.

3 뜻풀이에 맞는 낱말에 O표 하고, 그 낱말을 넣어 문장을 쓰세요.

| 뜻 | 어떠한 빛깔을 조금 지니거나 나타내다. |
| | 띄다   띄우다   띠다   띠우다 |

➡

14 매다 와 메다

★ 빈칸에 들어갈 낱말은 무엇일까요? 미로를 통과해 보세요.

정답 영상

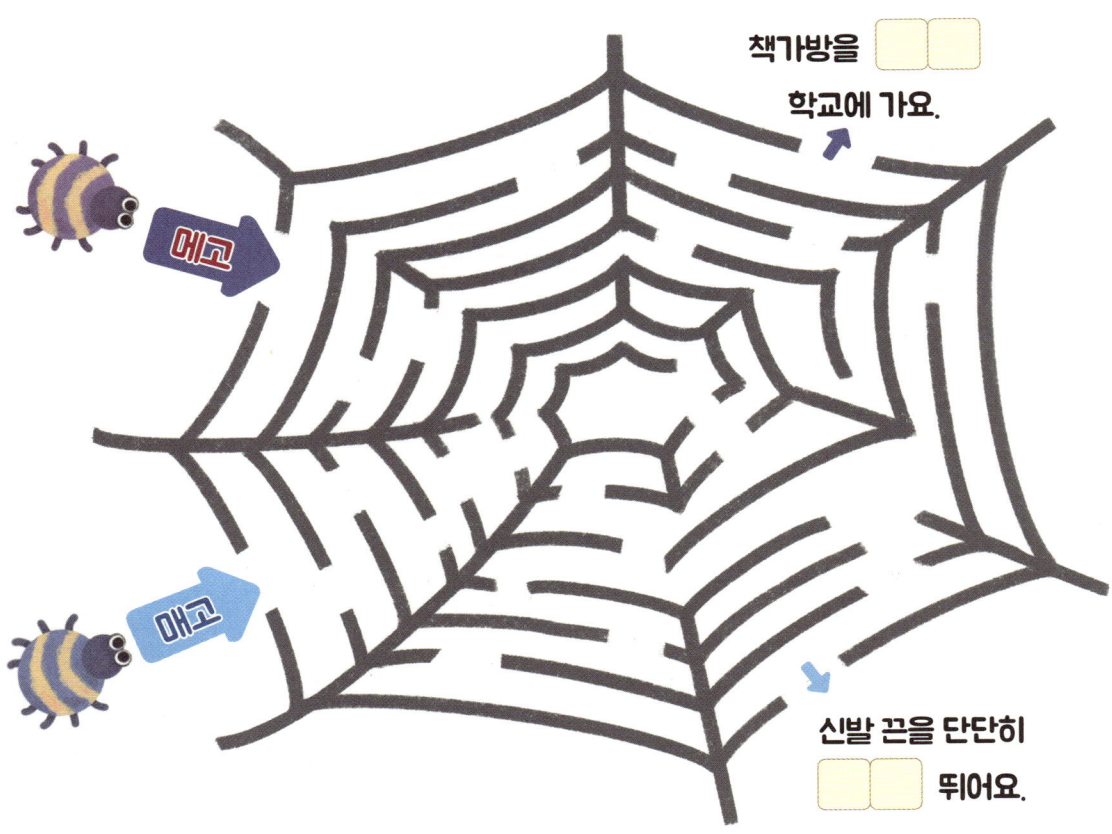

책가방을 ☐☐ 학교에 가요.

신발 끈을 단단히 ☐☐ 뛰어요.

'매다'와 '메다'는 소리가 비슷해 헷갈리기 쉬워요. '매다'는 '끈이나 줄의 두 끝을 엮어 풀어지지 않게 하다'라는 뜻이고, '메다'는 '물건을 어깨나 등에 올려놓다'라는 뜻이에요. 신발 끈은 '매는' 것이고 가방은 '메는' 것이지요. 또박또박 따라 쓰면서 낱말의 뜻을 함께 기억해 보세요.

예) 아빠의 넥타이를 매어 드려요.
배낭을 메고 여행을 떠나요.

똑같이 '매'가 들어 있는 '매듭'이라는 낱말과 묶어서 기억해요. 끈이나 줄을 매었을 때 매듭이 생기는 것을 떠올리면 틀리지 않겠죠?

예) 운동화 끈을 (매다 / 메다). ←--- 매듭이 생겨요.
책가방을 (매다 / 메다). ←--- 매듭이 안 생겨요.

1 문장을 소리 내어 읽고 맞춤법에 맞게 따라 쓰세요.

(1) 예쁜 목도리를 매었어요.

(2) 돌을 멘 것처럼 무거워요.

2 맞춤법에 맞는 낱말에 ○표 하고 빈칸에 바르게 쓰세요.

(1) 목줄을 [멘 | 맨] 뒤 강아지를 산책시켜요.

→ 목줄을 ____ 뒤 강아지를 산책시켜요.

(2) 나무꾼이 지게를 [메고 | 매고] 산에 가요.

→ 나무꾼이 지게를 ____ 산에 가요.

(3) 저고리의 옷고름을 예쁘게 [메어요 | 매어요].

→ 저고리의 옷고름을 예쁘게 ____.

3 뜻풀이에 맞는 낱말에 ○표 하고, 그 낱말을 넣어 문장을 쓰세요.

| 뜻 | 떨어지거나 풀어지지 않게 끈이나 줄의 두 끝을 묶다. |
| | [메다 | 매다] |

→

15 배다 와 베다

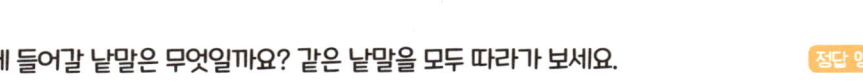
빈칸에 들어갈 낱말은 무엇일까요? 같은 낱말을 모두 따라가 보세요.

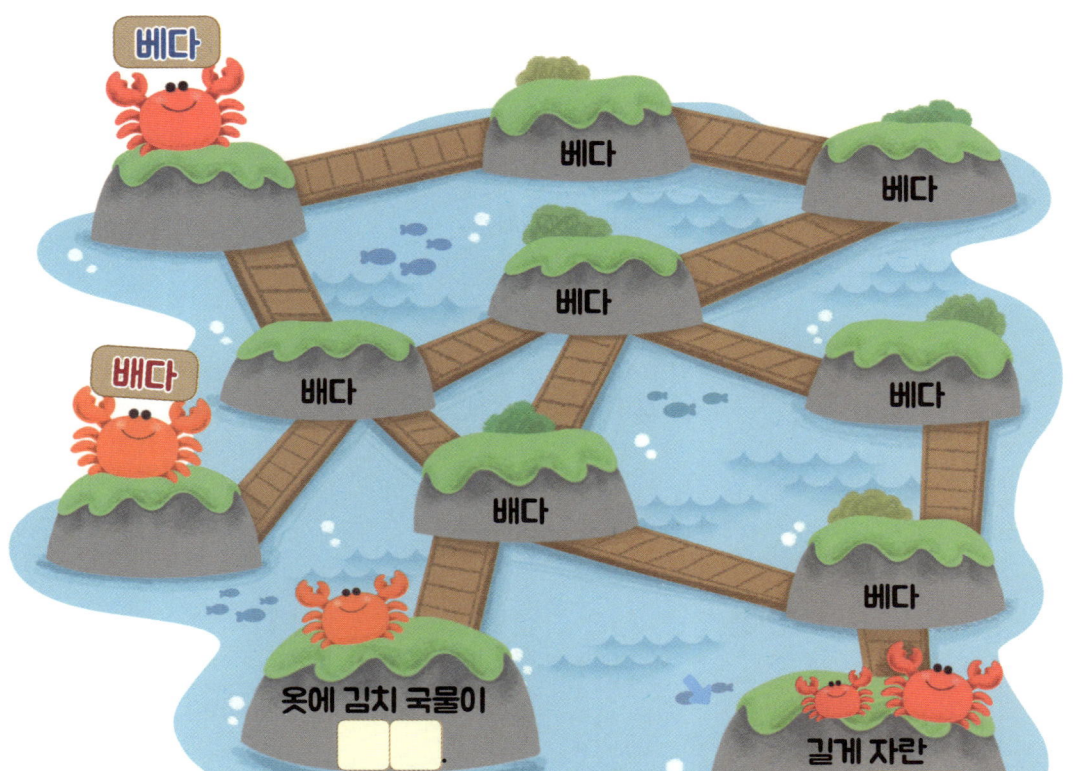

'배다'는 '색깔이나 냄새가 스며들거나 스며 나오는 것', '버릇이 되어 익숙해지는 것' 등을 말할 때 써요. 한편 '베다'는 '날카로운 물건으로 무엇을 끊거나 자르는 것', '베개 등을 머리 아래 받치는 것' 등을 뜻하죠. 모양과 소리가 비슷하지만 뜻이 전혀 다르니 정확히 구별해서 써야 해요.

예) 손톱에 꽃물이 배었다.
사과를 깎다가 손을 베었다.

월   일   요일

1 문장을 소리 내어 읽고 맞춤법에 맞게 따라 쓰세요.

(1) 옷에 땀이 흠뻑 배었어요.

(2) 나무를 마구 베지 마세요.

2 맞춤법에 맞는 낱말을 찾아 줄로 잇고 빈칸에 바르게 쓰세요.

(1) 옷에 ____ 떡볶이 국물이 안 지워져요.   · 벤
　　　　　　　　　　　　　　　　　　　　　　· 밴

(2) 빨간 자두를 한입 ____ 물어요.　　· 베어
　　　　　　　　　　　　　　　　　　· 배어

(3) 아빠 무릎을 ____ 스르르 잠들어요.　· 베고
　　　　　　　　　　　　　　　　　　　· 배고

3 뜻풀이에 맞는 낱말에 ○표 하고, 그 낱말을 넣어 문장을 쓰세요.

뜻: 태도나 행동이 버릇이 되어 익숙해지다.

　　베다　　　배다

➡

16 왠 과 웬

★ 빈칸에 들어갈 낱말은 무엇일까요? 선을 따라가 보세요.

오늘은 ⬜⬜로 물고기가 많네.

⬜⬜ 잘 잡힐 것 같은 기분이 들어.

'왠'과 '웬'은 쓰임새를 알면 구별하기 쉬워요. '왠'은 '왠지'라고 쓸 때만 써요. '왠지'는 '왜인지'라는 말을 줄인 것이에요. '왠지'를 '웬지'라고 잘못 쓰지 않도록 해요. 한편 '웬'은 '어떻게 된' 또는 '어떠한'이라는 뜻으로 '웬일이야?', '웬 떡이야?'와 같이 쓰임새가 다양해요. 왠지 외에는 모두 '웬'을 넣는다고 생각하면 쉬워요.

예) 오늘은 왠지 기분이 설레요.
웬일로 일찍 눈이 떠졌어요.

월   일   요일

1 문장을 소리 내어 읽고 맞춤법에 맞게 따라 쓰세요.

(1) 왠 지   잠 이   잘   안   와 요 .

(2) 학 교 에   늦 다 니   웬 일 이 야 ?

2 맞춤법에 맞는 낱말을 찾아 줄로 잇고 빈칸에 바르게 쓰세요.

(1) _____ 과자가 이렇게 많아요?   · 왠
　　　　　　　　　　　　　　　　　 · 웬

(2) 엄마 얼굴을 보면 _____ 웃음이 나요.   · 왠지
　　　　　　　　　　　　　　　　　　　　 · 웬지

(3) 은진이가 _____ 결석을 했어요.   · 왠일로
　　　　　　　　　　　　　　　　　 · 웬일로

3 맞춤법에 맞는 낱말에 O표 하고, 그 낱말을 넣어 문장을 쓰세요.

➡

쏙쏙문제

1 밑줄 친 낱말이 바르게 쓰인 것에는 O표, 틀린 것에는 X표 하세요.

(1) 복도에서는 뛰면 안 <u>되요</u>. ☐

(2) 배낭을 <u>메고</u> 산에 올라요. ☐

(3) 수다쟁이 동생이 <u>왠일로</u> 조용해요. ☐

(4) 종이를 자르다 손을 <u>베었어요</u>. ☐

(5) 민지의 눈동자는 갈색빛을 <u>띠어요</u>. ☐

2 빈칸에 들어갈 알맞은 낱말을 <보기>에서 골라 쓰세요.

보기	왠지 왼지 띠어요 띄어요 됐네 됬네 메야 매야

(1) 오늘은 _____ 단것을 먹고 싶어요.

(2) 등대 불빛은 멀리서도 눈에 잘 _____.

(3) 처음 만든 달걀프라이가 맛있게 _____.

(4) 차를 탈 때에는 안전벨트를 꼭 _____ 해요.

3 맞춤법에 맞는 낱말을 찾아 O표 하세요.

(1) 옷에 [벤 ┆ 밴] 잉크 얼룩이 안 지워져요.

(2) 튼튼한 어린이가 [되려고 ┆ 돼려고] 운동해요.

(3) 새하얀 운동화가 눈에 [띄네요 / 띠네요].

(4) 책가방을 [맨 / 멘] 학생들이 학교에 가요.

(5) 생일도 아닌데 [웬 / 왠] 케이크예요?

4 밑줄 친 낱말을 맞춤법에 맞게 고쳐 쓰세요.

(1) 이 도자기는 신비한 푸른빛을 <u>띄고</u> 있네요. ➡

(2) 엄마의 음식에는 사랑이 <u>베어</u> 있어요. ➡

(3) 다음 주나 <u>되야</u> 학교에 갈 수 있어요. ➡

5 빈칸에 들어갈 낱말을 찾아 알맞게 이으세요.

(1) 여행 가방을 _____ 기분이 들떠요.
· 매니
· 메니

(2) 양념이 골고루 _____ 버무려요.
· 배도록
· 베도록

(3) _____ 강아지가 계속 짖어요.
· 왠일인지
· 웬일인지

(4) 달리기 실력이 눈에 _____ 늘었어요.
· 띄게
· 띠게

쏙쏙문제

6 친구들의 대화에서 맞춤법이 틀린 부분을 찾고 바르게 고쳐 쓰세요.

> 서우: 지민아, ㉠웬 한숨을 쉬어?
> 지민: 이 근처에 있던 아기 고양이가 눈에 ㉡띄지 않아.
> 서우: 고양이가 ㉢걱정되서 그랬구나. 하지만 걱정 마. 엄마한테 들었는데 채소 가게 아주머니가 키워 주신대.

(1) 맞춤법이 틀린 부분 ➡ (2) 바르게 고쳐 쓰기

7 그림을 보고 <보기>에서 알맞은 낱말을 찾아 쓰세요.

| 보기 | 베지 배지   메었더니 매었더니   됩니다 됩니다 |

(1) 손을 _____ 않게 조심하세요.

(2) 무거운 가방을 _____ 어깨가 아파요.

(3) 큰길에서 오른쪽으로 가시면 _____.

8 뜻풀이에 맞는 낱말을 찾아 ✓표 하고 바르게 옮겨 쓰세요.

(1) 눈에 두드러지게 뚜렷이 나타나다.

☐ 띠다　☐ 띄다

(2) 왜 그런지 모르게. 뚜렷한 이유도 없이

☐ 왠지　☐ 웬지

(3) 액체나 냄새 같은 것이 스며들다.

☐ 배다　☐ 베다

옳은 표현을 알아봐요!

주룩주룩 많은 양의 비나 물이 빠르게 흐르는 소리나 모양을 흉내 내는 말이에요.
'주룩주룩'은 '주룩주룩'의 잘못된 표기예요.

끄물끄물 날씨가 활짝 개지 않고 몹시 흐린 모양을 흉내 내는 말이에요.
'꾸물꾸물'은 '끄물끄물'의 잘못된 표기예요.

해님 해를 사람에 빗대어서 부르는 말은 '해님'이에요.
'햇님'은 '해님'의 잘못된 표기예요.

우레 매우 큰 소리와 함께 번개가 나타나는 현상은 '우레'라고 해요.
'우뢰'는 '우레'의 잘못된 표기예요.

제 3 장

받침에 주의해서 써야 하는 말

우리말 받침은 소리 바꾸기 대장이에요. 예를 들어, 받침이 뒤에 오는 글자로 넘어가 소리가 나기도 하고, 뒤에 오는 글자와 합쳐져 다른 소리로 바뀌기도 하죠. 그래서 소리는 같지만 모양이 다른 낱말들은 무엇이 맞는지 알쏭달쏭 헷갈려요. 여기서는 받침에 주의해서 써야 하는 낱말의 예를 살펴보며 올바른 맞춤법을 익혀 봐요.

학습 내용

- **17** 너머 와 넘어
- **18** 다치다 와 닫히다
- **19** 드러내다 와 들어내다
- **20** 맡다 와 맞다
- **21** 무난하다 와 문안하다
- **22** 무치다 와 묻히다
- **23** 바치다 와 받치다
- **24** 반드시 와 반듯이
- **25** 부치다 와 붙이다
- **26** 빗다 와 빚다
- **27** 안 과 않
- **28** 앉다 와 않다
- **29** 어떻게 와 어떡해
- **30** 있다가 와 이따가
- **31** 조리다 와 졸이다

17 너머 와 넘어

★ 빈칸에 들어갈 낱말은 무엇일까요? 선을 따라가 보세요.

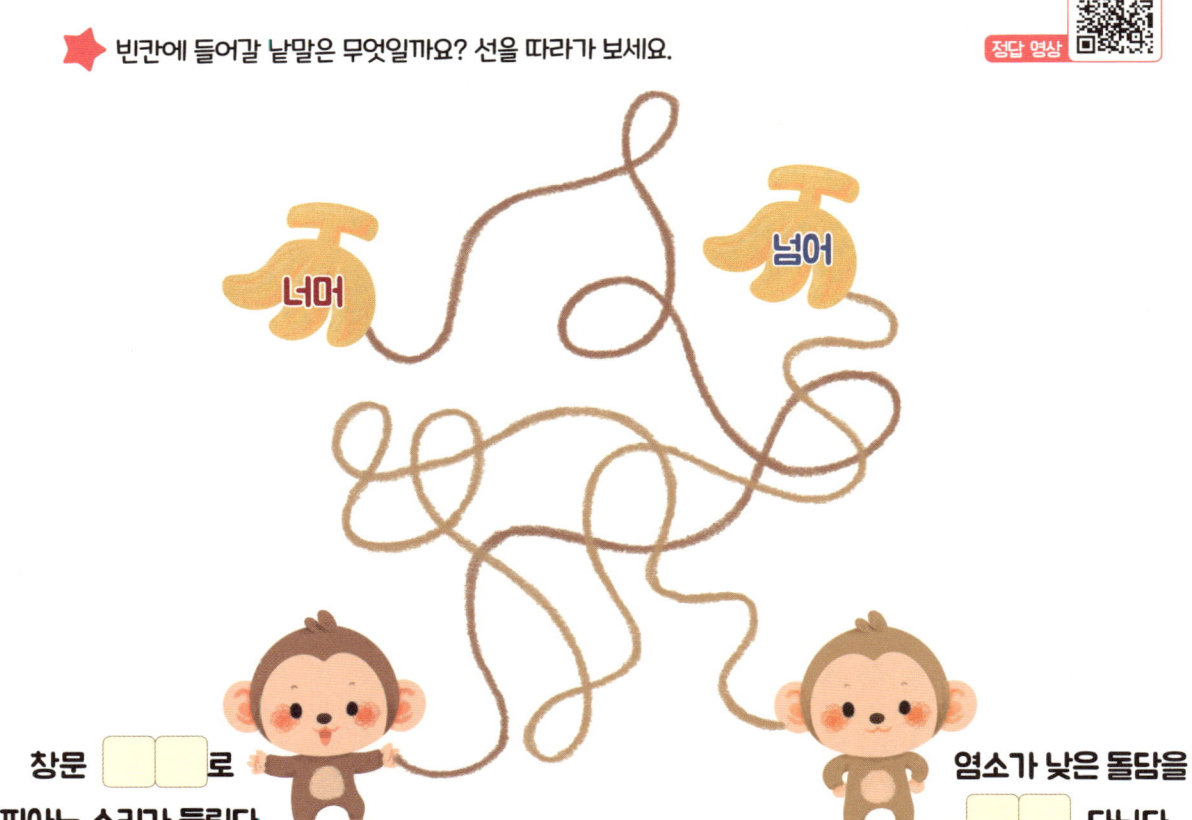

창문 □□로 피아노 소리가 들린다.

염소가 낮은 돌담을 □□ 다닌다.

'너머'와 '넘어'는 낱말의 모양은 다르지만 소리가 같아 헷갈리기 쉬워요. '너머'는 '높이나 경계로 가로막힌 사물의 저쪽이나 장소'를 뜻하는 말이고, '넘어'는 '넘다'가 모양을 바꾼 것으로 '높은 부분의 위나 경계를 지나는 것', '어렵고 힘든 처지에서 빠져나오는 것' 등을 뜻해요. 언덕을 '넘어' 갈 수는 있지만 '너머' 갈 수는 없는 것이지요.

예) 언덕 너머에 마을이 있어요.
꼬부랑 고개를 넘어가요.

'너머'는 '장소'를 나타내고, '넘어'는 '움직임'을 나타내요.

예) 사슴이 울타리 너머로 넘어갔어요.
- 울타리로 막힌 건너편 (장소)
- 울타리를 넘는 모습 (움직임)

 **꼼꼼확인**

1 문장을 소리 내어 읽고 맞춤법에 맞게 따라 쓰세요.

(1) 수 평 선   너 머 로   해 가   져 요 .

(2) 어 려 운   고 비 를   넘 었 어 요 .

2 맞춤법에 맞는 낱말에 ○표 하고 빈칸에 바르게 쓰세요.

(1) 무지개 [너머 : 넘어] 에는 무엇이 있을까?

➡ 무지개 _____ 에는 무엇이 있을까?

(2) 고양이가 담장을 훌쩍 [너머요 : 넘어요].

➡ 고양이가 담장을 훌쩍 _____ .

(3) 넝쿨이 담장 [너머로 : 넘어로] 뻗어 있어요.

➡ 넝쿨이 담장 _____ 뻗어 있어요.

3 뜻풀이에 맞는 낱말에 ○표 하고, 그 낱말을 넣어 문장을 쓰세요.

| 뜻 | 높이나 경계로 가려져 있어 보이지 않는 사물의 저쪽
[너머   넘어] |

➡

18 다치다 와 닫히다

⭐ 빈칸에 들어갈 낱말은 무엇일까요? 사다리를 따라가 보세요.

'다치다'와 '닫히다'는 둘 다 [다치다]로 소리가 나서 틀리기 쉬워요. '다치다'는 '맞거나 부딪치거나 해서 몸에 상처를 입는 것'을 뜻하고 '닫히다'는 '열리다'의 반대말로 '열린 문이나 뚜껑, 서랍 등이 제자리로 가게 되는 것'을 뜻해요. '문이 갑자기 닫혀서 이마를 다쳤다'와 같은 문장으로 기억하면 쉬워요.

예) 손을 다쳐서 글씨 쓰기가 불편해요.
　　문이 굳게 닫혀서 안 열려요.

꼼꼼확인

월   일   요일

1 문장을 소리 내어 읽고 맞춤법에 맞게 따라 쓰세요.

(1) 다 친   제 비   다 리 를   고 치 다 .

(2) 닫 힌   창 문 을   활 짝   열 다 .

2 맞춤법에 맞는 낱말을 찾아 줄로 잇고 빈칸에 바르게 쓰세요.

(1) 현관문이 _____ 못 들어가요.

• 다쳐서
• 닫혀서

(2) 운동할 때는 _____ 않게 조심해요.

• 다치지
• 닫히지

(3) 강한 바람에 방문이 쾅 _____ .

• 다쳤어요
• 닫혔어요

3 맞춤법에 맞는 낱말에 O표 하고, 그 낱말을 넣어 문장을 쓰세요.

닫히다   닿히다

➡ _____

19 드러내다 와 들어내다

빈칸에 들어갈 낱말은 무엇일까요? 같은 낱말을 모두 따라가 보세요.

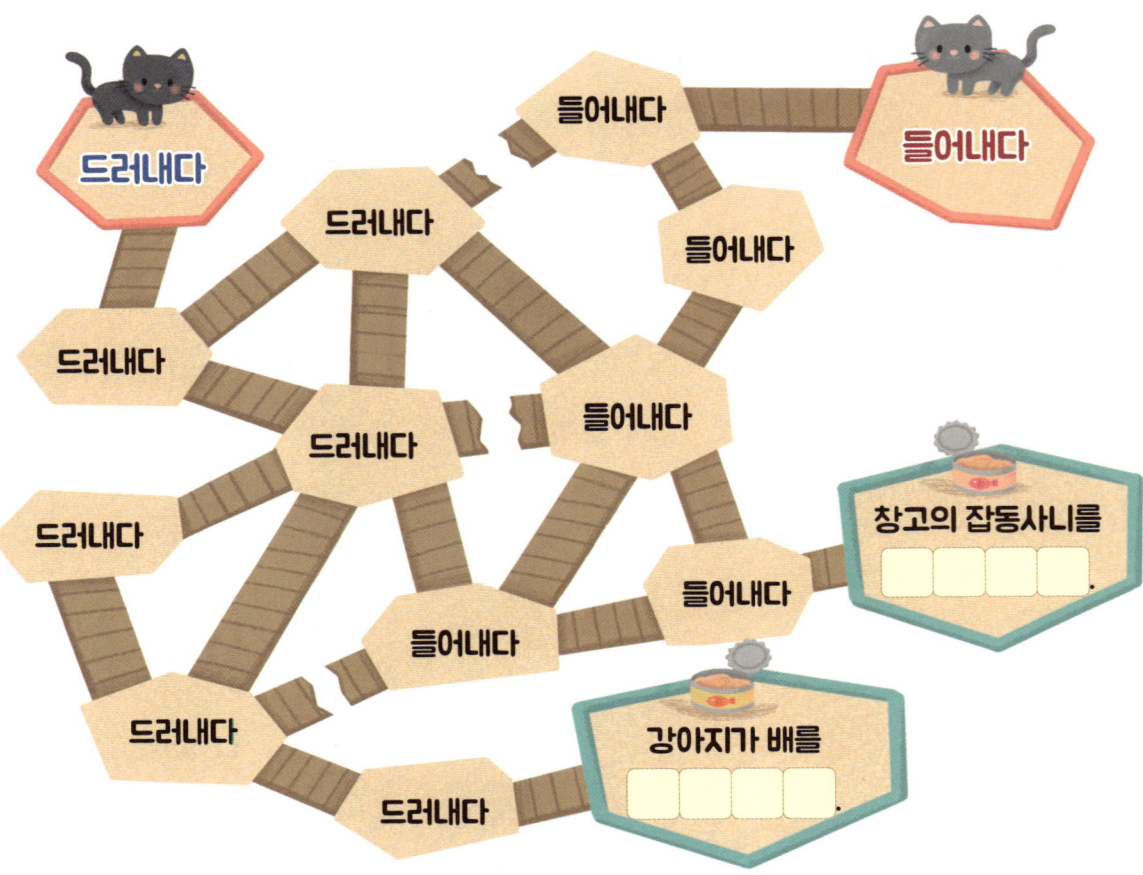

'드러내다'와 '들어내다'는 전혀 뜻이 다르지만 둘 다 [드러내다]로 소리 나서 혼동하기 쉬워요. '드러내다'는 가려져 있던 것을 보이게 하거나, 감춰지거나 알려지지 않았던 사실을 밝힌다는 뜻이에요. 한편 '들어내다'는 물건을 들어서 밖으로 옮긴다는 뜻이에요.

예) 치아를 드러내고 웃어요.
필기구를 들어내고 책상을 닦아요.

'들어내다'는 위치를 옮기는 것과 관련 있어요.
예) 오래된 책장을 (드러내다 / <u>들어내다</u>).
호랑이가 이빨을 (<u>드러내다</u> / 들어내다).

이빨의 위치를 옮기는 것이 아니에요.
책장의 위치를 옮기는 것이에요.

1 문장을 소리 내어 읽고 맞춤법에 맞게 따라 쓰세요.

(1) 기쁨을 맘껏 드러내다.

(2) 이삿짐을 전부 들어내다.

2 맞춤법에 맞는 낱말을 찾아 줄로 잇고 빈칸에 바르게 쓰세요.

(1) 놀부가 진짜 속셈을 _____.

- 드러냈다
- 들어냈다

(2) 헌 책상을 _____ 새 책상을 들였다.

- 드러내고
- 들어내고

(3) 친한 친구에게 속마음을 _____.

- 드러내요
- 들어내요

3 뜻풀이에 맞는 낱말에 O표 하고, 그 낱말을 넣어 문장을 쓰세요.

뜻	가리거나 막혀 있던 것을 보게 하다.
	들어내다 드러내다

→ _____

20 맡다 와 맞다

★ 빈칸에 들어갈 낱말은 무엇일까요? 선을 따라가 보세요.

달콤한 냄새를 ☐☐.

일기예보가 정확히 ☐☐.

'맡다'와 '맞다'는 둘 다 [맏따]라고 소리가 나서 잘못 쓰기 쉬워요. '맡다'는 '코로 냄새를 느끼다', '책임을 지고 어떤 일을 하다'라는 뜻이고, '맞다'는 '말이나 답, 사실 등이 틀리거나 어긋나지 않다', '서로 어울리다'라는 뜻이죠. 받침에 따라 낱말의 의미가 완전히 달라지니 차근차근 따라 쓰며 낱말의 모양과 의미를 함께 기억해요.

예) 강아지가 간식 냄새를 맡아요.
엄마 말씀도 맞고 아빠 말씀도 맞아요.

꼼꼼확인

1 문장을 소리 내어 읽고 맞춤법에 맞게 따라 쓰세요.

(1) 맡은 일에 최선을 다하다.

(2) 거스름돈이 맞는지 세다.

2 맞춤법에 맞는 낱말을 찾아 줄로 잇고 빈칸에 바르게 쓰세요.

(1) 학생 회장을 _____ 있어요.

- 맞고
- 맡고

(2) 승윤이와 나는 성격이 잘 _____.

- 맞아
- 맡아

(3) 음식 냄새를 _____ 배가 고파요.

- 맞으니
- 맡으니

3 맞춤법에 맞는 낱말에 ○표 하고, 그 낱말을 넣어 문장을 쓰세요.

맏다 맞다 맞따

→

21 무난하다 와 문안하다

⭐ 빈칸에 들어갈 낱말은 무엇일까요? 낱말을 찾아 동그라미 치세요.

정답 영상

'무난하다'와 '문안하다'는 소리가 같아서 어른들도 자주 틀려요. '무난하다'는 '어떤 일이 크게 어려울 것이 없다', '두드러지는 단점이 없다'라는 뜻이고, '문안하다'는 '웃어른이 잘 지내는지 여쭈다'라는 뜻이에요. 낱말의 뜻과 모양을 생각하며 바르게 써 보세요.

예) 이 옷은 색도 길이도 무난해요.
방에 계신 할아버지께 문안해요.

어른께 인사드릴 때 '문'의 '안'으로 들어가는 모습을 떠올리면 '문안하다'를 써야 할 때 헷갈리지 않아요.

 꼼꼼확인

월   일   요일

1 문장을 소리 내어 읽고 맞춤법에 맞게 따라 쓰세요.

(1) 할 머 니 께   문 안 하 고   왔 어 요 .

(2) 시 험 을   무 난 히   통 과 했 어 요 .

2 맞춤법에 맞는 낱말에 O표 하고 빈칸에 바르게 쓰세요.

(1) 아침마다 부모님께 [문안 : 무난] 인사를 드려요.

→ 아침마다 부모님께 [   ] 인사를 드려요.

(2) 혜윤이는 성격이 [문안해서 : 무난해서] 친구가 많다.

→ 혜윤이는 성격이 [   ] 친구가 많다.

(3) [문안하게 : 무난하게] 피아노 연주를 마쳤어요.

→ [   ] 피아노 연주를 마쳤어요.

3 뜻풀이에 맞는 낱말에 O표 하고, 그 낱말을 넣어 문장을 쓰세요.

| 뜻 | 이렇다 할 단점이나 흠이 없다.
문안하다   문한하다   무난하다 |

→

22 무치다 와 묻히다

빈칸에 들어갈 낱말은 무엇일까요? 사다리를 따라가 보세요.

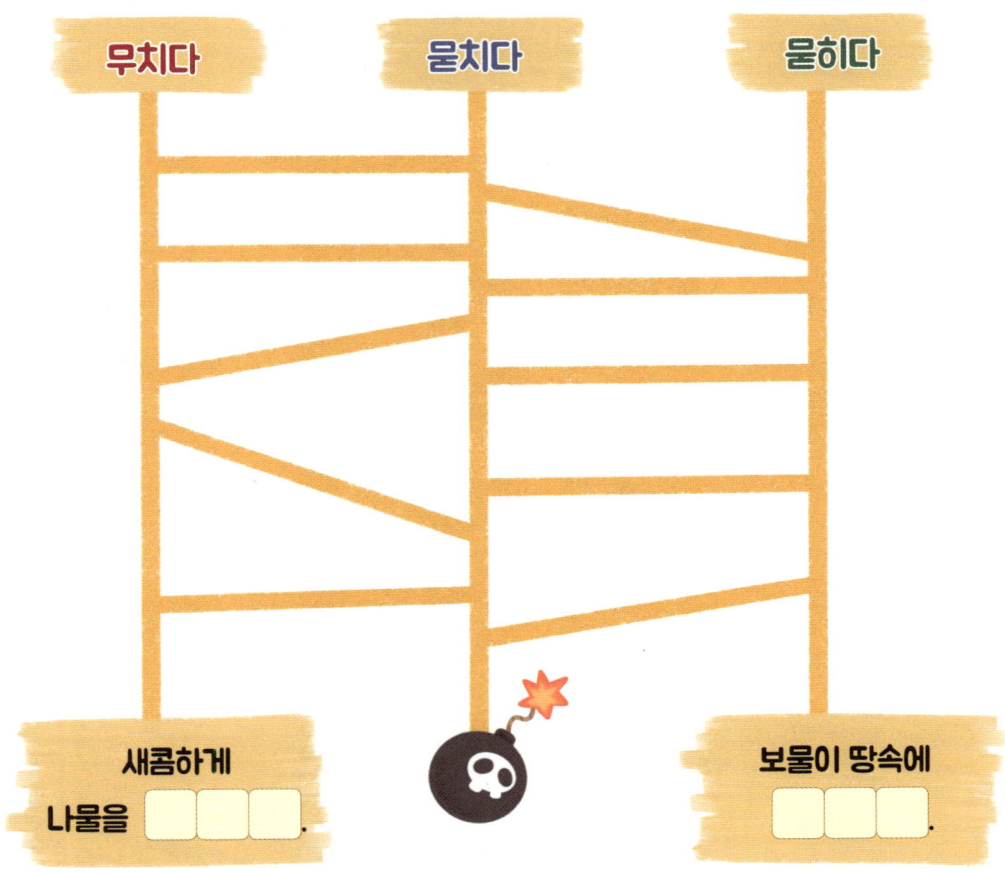

'무치다'와 '묻히다'는 둘 다 [무치다]로 소리 나요. 그래서 두 낱말을 혼동해서 쓰곤 해요. '무치다'는 '나물에 양념을 넣고 골고루 버무리다'라는 뜻이고, '묻히다'는 '묻다'에서 온 말로 '땅속이나 다른 물건 밑에 놓여 보이지 않게 되다', '가루나 액체 등이 들러붙거나 묻게 하다'라는 뜻이에요. 엄마를 도와 나물을 '무치다가' 옷에 양념을 '묻히지' 않게 조심하세요.

예) 콩나물을 맛있게 무쳐 먹었다.
김장독이 뒤뜰에 묻혀 있다.

1 문장을 소리 내어 읽고 맞춤법에 맞게 따라 쓰세요.

(1) 봄 나 물 을   무 쳐 서   먹 어 요 .

(2) 콩 고 물 을   묻 혀 서   맛 있 어 요 .

2 맞춤법에 맞는 낱말을 〈보기〉에서 찾아 빈칸에 바르게 쓰세요.

| 보기 | 무치고 | 묻히고 | 무쳤다 | 묻혔다 | 무친 | 묻힌 |

지난 주말에는 온 가족이 저녁을 차렸다. 엄마가 준비를 해 주시면 나와 동생이 조물조물 나물도 _____, 떡에 고물도 _____. 아빠와 함께 마당에 _____ 장독에서 김치도 꺼내 왔다. 다 같이 도와 상을 차리니 밥맛이 더 꿀맛 같았다.

3 뜻풀이에 맞는 낱말에 ○표 하고, 그 낱말을 넣어 문장을 쓰세요.

| 뜻 | 흙이나 다른 물건 속에 덮여 보이지 않게 되다. |
| | 묻치다   묻히다   무치다 |

➡

23 바치다 와 받치다

빈칸에 들어갈 낱말은 무엇일까요? 선을 따라가 보세요.

'바치다'는 '신이나 윗사람에게 물건을 드리다', '무언가를 이루기 위해 귀중한 것을 내주다'라는 뜻이에요. 한편 '받치다'는 '쓰러지거나 넘어지지 않게 밑을 괴다', '어떤 것을 다른 것 위에 놓거나 겹쳐서 대다'라는 뜻이지요. 모양과 소리가 비슷하지만 뜻이 다른 낱말이니 상황에 따라 알맞게 골라 써야 해요.

예) 임금님께 쌀을 바치다.
　　허리에 베개를 받치다.

1 문장을 소리 내어 읽고 맞춤법에 맞게 따라 쓰세요.

(1) 산 신 령 에 게 　 음 식 을 　 바 쳐 요 .

(2) 과 일 을 　 쟁 반 에 　 받 쳐 요 .

2 맞춤법에 맞는 낱말을 찾아 줄로 잇고 빈칸에 바르게 쓰세요.

(1) 평생을 　　　　　 우주를 연구하다.

・ 바쳐

・ 받쳐

(2) 흘리지 않게 그릇을 　　　　　 먹어라.

・ 바치고

・ 받치고

(3) 목숨을 　　　　　 나라를 구했어요.

・ 바쳐서

・ 받쳐서

3 뜻풀이에 맞는 낱말에 O표 하고, 그 낱말을 넣어 문장을 쓰세요.

뜻	신이나 웃어른에게 정중히 드리다.
	바치다 　 받치다

➡

24 반드시 와 반듯이

★ 빈칸에 들어갈 낱말은 무엇일까요? 미로를 통과해 보세요.

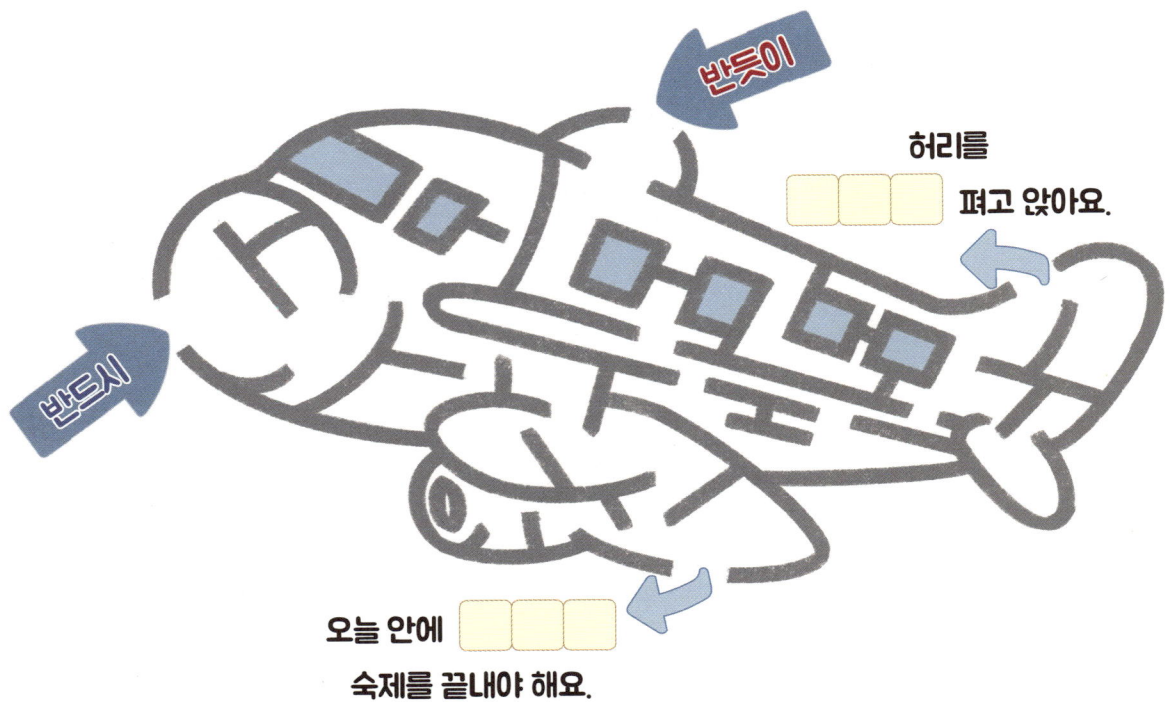

허리를 ☐☐☐ 펴고 앉아요.

오늘 안에 ☐☐☐ 숙제를 끝내야 해요.

'반드시'와 '반듯이'는 둘 다 [반드시]로 소리 나서 틀리기 쉬워요. '반드시'는 '틀림없이 꼭'이라는 뜻이고, '반듯이'는 '행동이나 생각이 비뚤지 않고 바르게'라는 뜻이죠. '다 읽은 책은 반드시 책장에 반듯이 꽂으세요'라는 문장으로 뜻을 기억해 봐요.

예 **반드시** 신호를 지키자.
　　자세를 **반듯이** 하세요.

'꼭'이라는 낱말과 바꾸어 쓸 수 있다면 '반드시'로 쓰고, '똑바로' 또는 '반듯하게'라는 낱말과 바꾸어 쓸 수 있다면 '반듯이'로 쓰면 돼요.
예 (**반드시**/ 반듯이) 시합에서 우승할 거예요.
　　옷을 (반드시 /**반듯이**) 개어 옷장에 넣어요.

꼼꼼확인

1 문장을 소리 내어 읽고 맞춤법에 맞게 따라 쓰세요.

(1) 약 속 을   반 드 시   지 켜 요 .

(2) 반 듯 이   앉 아   책 을   읽 어 요 .

2 맞춤법에 맞는 낱말에 O표 하고 빈칸에 바르게 쓰세요.

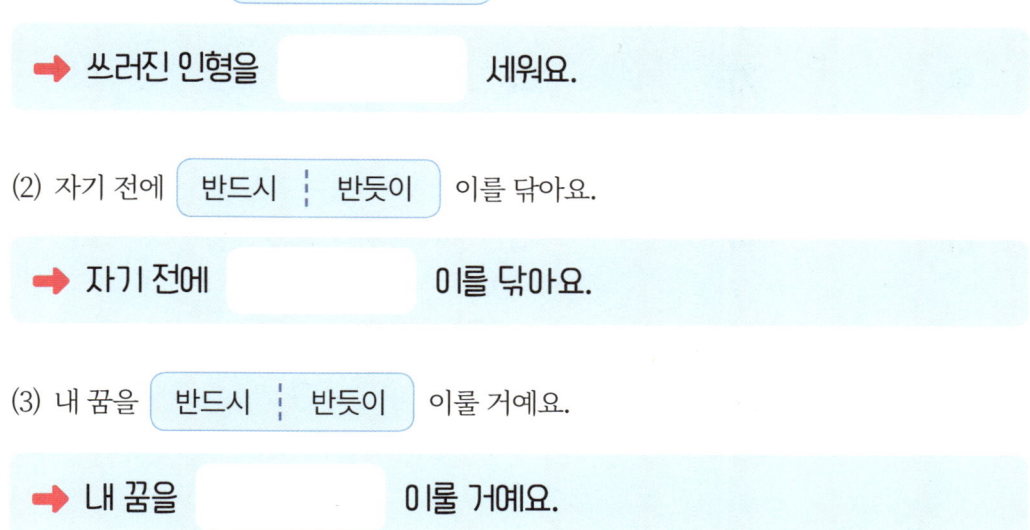

(1) 쓰러진 인형을 반드시 ┊ 반듯이 세워요.

→ 쓰러진 인형을 _____ 세워요.

(2) 자기 전에 반드시 ┊ 반듯이 이를 닦아요.

→ 자기 전에 _____ 이를 닦아요.

(3) 내 꿈을 반드시 ┊ 반듯이 이룰 거예요.

→ 내 꿈을 _____ 이룰 거예요.

3 뜻풀이에 맞는 낱말에 O표 하고, 그 낱말을 넣어 문장을 쓰세요.

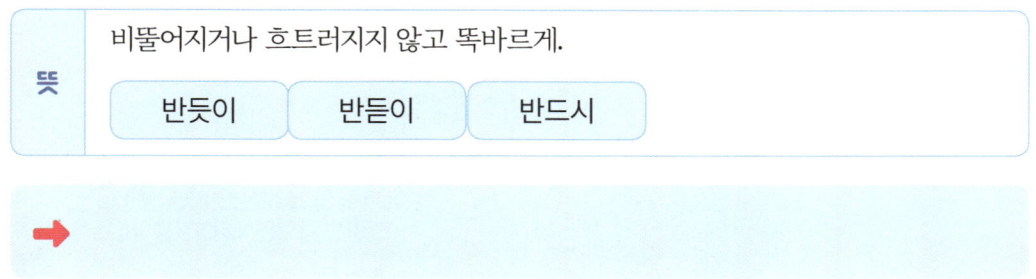

뜻: 비뚤어지거나 흐트러지지 않고 똑바르게.

반듯이   반듣이   반드시

→ _____

25 부치다 와 붙이다

빈칸에 들어갈 낱말은 무엇일까요? 낱말을 찾아 동그라미 치세요.

'부치다'와 '붙이다'는 모양은 다르지만 둘 다 [부치다]로 소리가 나서 틀리기 쉬워요. '부치다'는 '우편물 등을 남에게 보내다', '기름을 두른 프라이팬에 반죽 등을 올려 익히다'라는 뜻의 낱말이고, '붙이다'는 '어떤 것을 맞대어 떨어지지 않게 하다'라는 뜻의 낱말이에요. '우표를 붙여 편지를 부치다'라는 문장으로 쓰임새를 기억해 봐요.

예) 친구에게 선물을 부쳐요.
게시판에 안내문을 붙여요.

'부치다'와 '붙이다'가 헷갈릴 때는 가까이 닿게 한다는 뜻이 있는지 생각해 보세요. 가까이 닿게 하는 것이면 '붙이다', 그렇지 않으면 '부치다'를 써요.

1 문장을 소리 내어 읽고 맞춤법에 맞게 따라 쓰세요.

(1) 우 체 국 에 서   소 포 를   부 쳐 요 .

(2) 학 용 품 에   이 름 표 를   붙 여 요 .

2 맞춤법에 맞는 낱말을 〈보기〉에서 찾아 빈칸에 바르게 쓰세요.

| 보기 | 부쳐 | 붙여 | 부치고 | 붙이고 | 붙인 | 부친 |

오늘은 아침부터 비가 왔다. 빗소리를 들으니까 엄마가 [　　　] 주시는 부침개가 생각나서 엄마께 말씀드렸다. 엄마는 할머니께 편지를 써서 [　　　] 오면 맛있는 부침개를 만들어 주겠다 하셨다. 편지를 쓰고 알록달록 예쁜 스티커도 [　　　] 뒤 우체국에 다녀왔다. 비가 와서 조금은 힘들었지만 오랜만에 먹는 감자부침개는 바삭하고 정말 맛있었다.

3 맞춤법에 맞는 낱말에 O표 하고, 그 낱말을 넣어 문장을 쓰세요.

　　　　[붙이다]　[붙치다]　[붙히다]

➡

26 빗다 와 빚다

 빈칸에 들어갈 낱말은 무엇일까요? 같은 낱말을 모두 따라가 보세요.

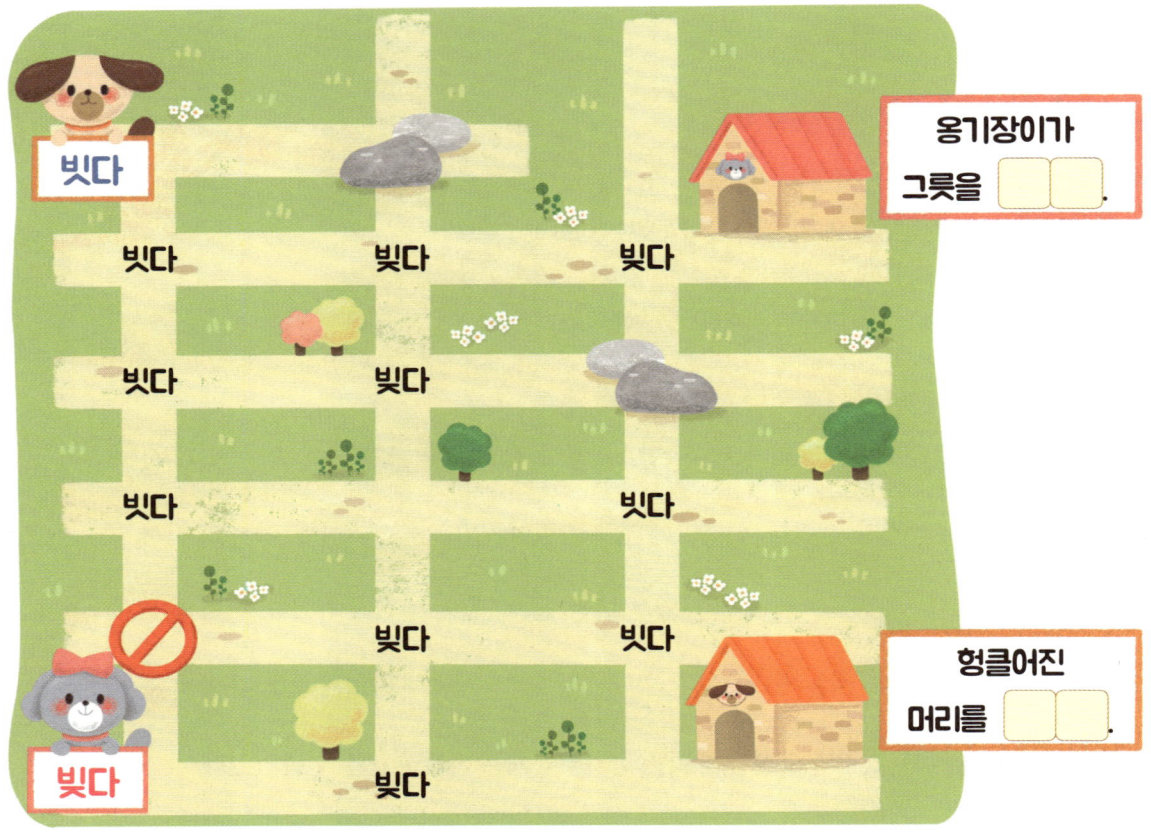

'빗다'는 '빗이나 손으로 머리털을 가지런히 정리하는 것'을 뜻하고 '빚다'는 '흙을 반죽해서 물건을 만들거나, 가루를 반죽해서 먹을거리를 만드는 것'을 뜻해요. 둘 다 [빋따]로 소리 나고 모양도 비슷해서 틀리기 쉽지만 낱말의 모양을 잘 알고 뜻에 따라 구별해서 써야 해요. 머리는 '빗는' 것이고 송편은 '빚는' 것이랍니다.

예 엉킨 머리카락을 빗어요.
다 함께 만두를 빚어요.

'빗다'인지 '빚다'인지 헷갈릴 때는 '머리빗'을 떠올리세요. '머리빗'으로 머리를 정리하는 것과 같은 것에는 '빗다'를 쓰고, 아닌 것에는 '빚다'를 쓰면 돼요.

꼼꼼확인

월   일   요일

1 문장을 소리 내어 읽고 맞춤법에 맞게 따라 쓰세요.

(1) 세 수 하 고   머 리 를   빗 어 요 .

(2) 흙 으 로   도 자 기 를   빚 어 요 .

2 맞춤법에 맞는 낱말을 찾아 줄로 잇고 빈칸에 바르게 쓰세요.

(1) 긴 머리를 단정히 _____ 넘겨요.

· 빗어
· 빚어

(2) 내가 _____ 송편이 제일 예뻐요.

· 빗은
· 빚은

(3) 찰흙으로 무엇을 _____?

· 빗을까
· 빚을까

3 뜻풀이에 맞는 낱말에 ○표 하고, 그 낱말을 넣어 문장을 쓰세요.

뜻	흙이나 가루 등의 재료를 반죽해 어떤 형태를 만들다.
	빗다 빚다

➡ _____

27 안과 않

빈칸에 들어갈 낱말은 무엇일까요? 선을 따라가 보세요.

얼룩이 지워지지 ☐ 다.

얼룩이 ☐ 지워지다.

'어떤 것에 반대하거나 그렇지 않다'라는 뜻을 나타낼 때 '안'과 '않'을 써요. 그런데 '안'과 '않'의 발음이 같다 보니 잘못 쓰는 경우가 있어요. '안'은 '아니'의 준말로 '안 먹는다'처럼 동작이나 상태를 나타내는 말의 앞에 놓이고, '않'은 '아니하'의 준말로 '먹지 않다'처럼 동작이나 상태를 나타내는 말의 뒤에 놓여요.

예) 나는 안 갈래.   나는 가지 않을래.

> 그래도 '안'과 '않'이 헷갈린다면 이 방법도 써 보세요. '안'은 '아니'로, '않'은 '아니하/아니해'로 바꿔 보고 둘 중 더 자연스러운 것으로 넣으면 돼요.
>
> 예) 이 옷은 나한테 (아니 / 아니하) 어울려. → 이 옷은 나한테 안 어울려.
> 배가 고프지 (아니 / 아니해)요. → 배가 고프지 않아요.

1 문장을 소리 내어 읽고 맞춤법에 맞게 따라 쓰세요.

(1) 왠지 기분이 안 좋아요.

(2) 넘어졌지만 울지 않았어요.

2 맞춤법에 맞는 낱말에 O표 하고 빈칸에 바르게 쓰세요.

(1) 약속을 어기면 [안 | 않] 돼요.
→ 약속을 어기면 _____ 돼요.

(2) 편식을 하지 [안기로 | 않기로] 다짐했어요.
→ 편식을 하지 _____ 다짐했어요.

(3) 준비 운동을 하지 [안으면 | 않으면] 다쳐요.
→ 준비 운동을 하지 _____ 다쳐요.

3 뜻풀이에 맞는 낱말에 O표 하고, 그 낱말을 넣어 문장을 쓰세요.

| 뜻 | 낱말 뒤에 쓰여 어떤 일을 그렇지 않다고 부정할 때 쓰는 말 [안 / 않] |

→

28 앉다 와 않다

⭐ 빈칸에 들어갈 낱말은 무엇일까요? 미로를 통과해 보세요.

정답 영상

다리가 아파 의자에 ☐☐.

감기가 잘 낫지 ☐☐.

'앉다'와 '않다'는 비슷해 보이는 받침 때문에 틀리게 쓰는 일이 많아요. '앉다'는 '서다'의 반대말로 윗몸을 세운 상태에서 바닥 등에 엉덩이를 붙이는 것을 말해요. 한편 '않다'는 '아니하다'의 준말로 앞에 나온 낱말을 부정하는 뜻을 나타내죠. 받침에 따라 낱말의 뜻이 달라지니 알맞게 구별해서 써야 해요.

예) 바른 자세로 앉아 주세요.   밥을 먹지 않아 배고파요.

> 받침에 어떤 자음이 오는지에 따라 소리가 달라지니 새로운 낱말을 익힐 때 바른 발음을 알아 두면 맞춤법 실수를 줄일 수 있어요. 하나씩 또박또박 소리 내어 읽어 보세요.
>
> 예) 앉다[안따] / 앉아[안자] / 앉으니[안즈니] / 앉고[안꼬] / 앉지[안찌]
> 않다[안타] / 않아[아나] / 않으니[아느니] / 않고[안코] / 않지[안치]

꼼꼼확인

월 일 요일

1 문장을 소리 내어 읽고 맞춤법에 맞게 따라 쓰세요.

(1) 자 리 에   반 듯 이   앉 아 요 .

(2) 어 쩐 지   잠 이   오 지   않 아 요 .

2 맞춤법에 맞는 낱말을 찾아 줄로 잇고 빈칸에 바르게 쓰세요.

(1) 군것질을 하지 _____ 거예요.   • 앉을
                                    • 않을

(2) 비가 그치지 _____ 걱정이에요. • 앉아
                                    • 않아

(3) 쪼그려 _____ 흙장난을 쳐요.   • 앉아서
                                    • 않아서

3 뜻풀이에 맞는 낱말에 O표 하고, 그 낱말을 넣어 문장을 쓰세요.

뜻: 윗몸을 바로 세우고 엉덩이를 다른 물건이나 바닥에 붙이다.

   앉다   않다   안다

➡

29 어떻게 와 어떡해

빈칸에 들어갈 낱말은 무엇일까요? 낱말을 찾아 동그라미 치세요.

구름은 □□□ 만들어질까?
바다가 점점 오염되고 있대. □□□!

'어떻게'는 '어떠하다'라는 말이 줄어든 '어떻다'에 '-게'가 붙은 말이에요. '어떤 방법으로', '어떤 이유로'라는 뜻을 나타내면서 뒤에 오는 말을 꾸며 주죠. 한편 '어떡해'는 '어떻게 해'라는 말이 줄어든 것으로 다른 말을 꾸미지 않고 혼자 쓰여요. 또한 '어떡해'를 '어떻게'라고 쓰는 것을 흔히 볼 수 있는데 이것 역시 잘못된 표기예요.

예) 도서관에 어떻게 가나요?
소풍날 비가 오면 어떡해?

'어떻게'는 다른 말을 꾸며 주는 역할을 하기 때문에 보통 동작을 나타내는 말 앞이나 문장의 중간에 들어가고, '어떡해'는 문장의 맨 앞이나 맨 끝에 놓여 기쁨, 놀람, 걱정 등의 감정을 나타내요.

예) 나경아, 요즘 (어떻게 / 어떡해) 지내?
(어떻게 / 어떡해)! 늦잠을 자 버렸어.

꼼꼼확인

1 문장을 소리 내어 읽고 맞춤법에 맞게 따라 쓰세요.

(1) 두 발 자 전 거 는   어 떻 게   타 요 ?

(2) 지 갑 이   없 어 졌 어 .   어 떡 해 .

2 맞춤법에 맞는 낱말에 O표 하고 빈칸에 바르게 쓰세요.

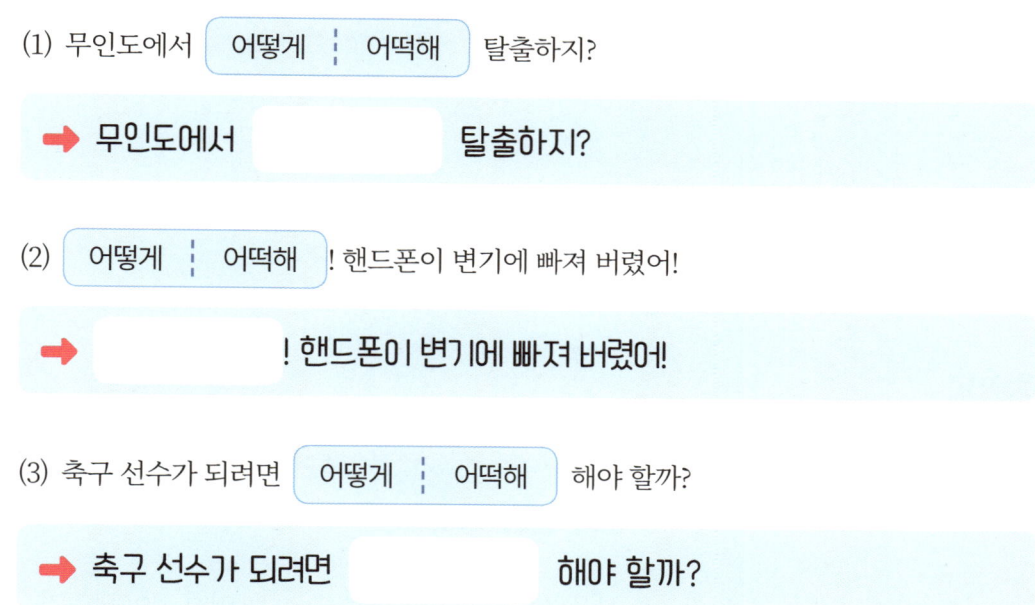

3 뜻풀이에 맞는 낱말에 O표 하고, 그 낱말을 넣어 문장을 쓰세요.

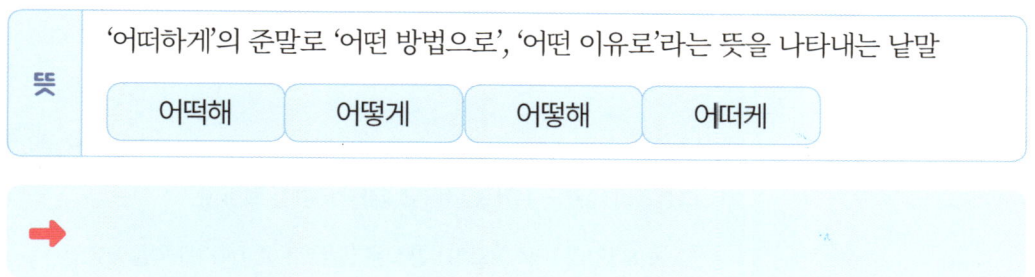

30 있다가 와 이따가

⭐ 빈칸에 들어갈 낱말은 무엇일까요? 미로를 통과해 보세요.

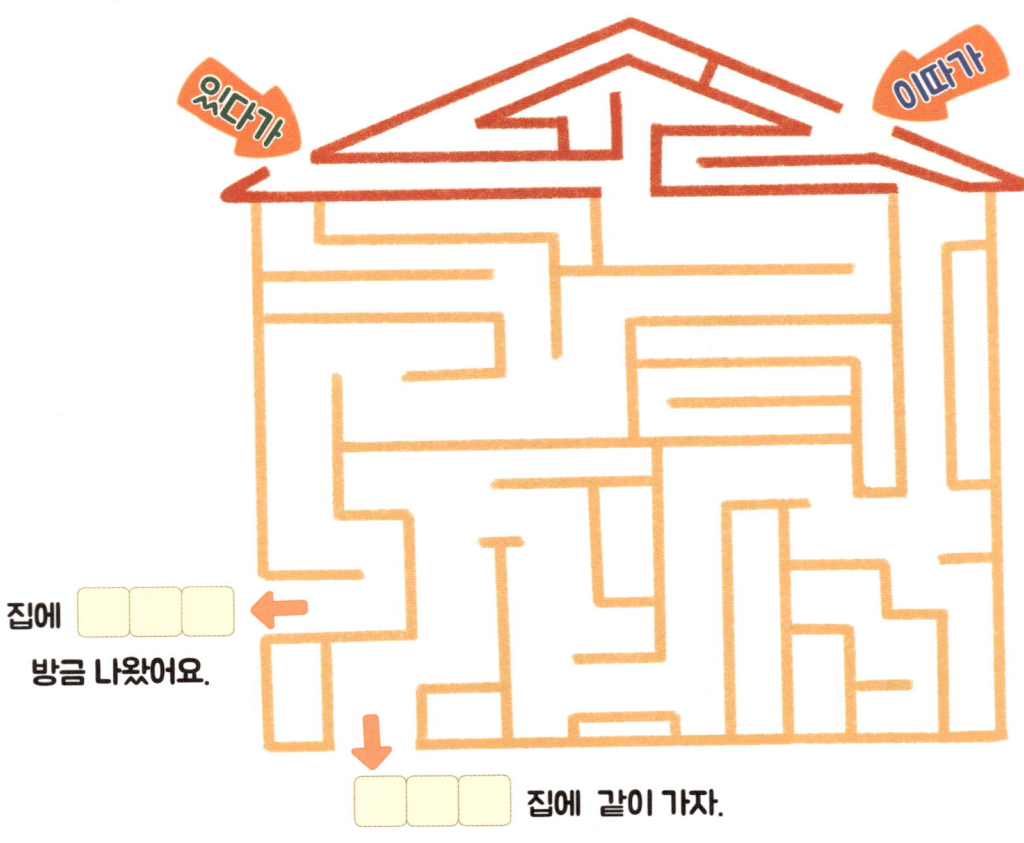

집에 ☐☐☐ ← 방금 나왔어요.

↓ ☐☐☐ 집에 같이 가자.

'있다가'와 '이따가'는 평소에 자주 사용하는 말이지만 글로 쓸 때는 어떤 것이 맞는지 헷갈려요. '있다가'는 '잠시 머물다가' 또는 '어떤 상태를 유지하다가'라는 뜻으로, 다른 동작이나 상태로 바뀌는 것을 나타내요. 한편 '이따가'는 '조금 뒤에'라는 뜻으로 시간이 조금 흐른 뒤에 어떤 동작을 하게 될 때 써요.

🔴 예) 누워 있다가 잠들어 버렸다.   내가 이따가 다시 전화할게.

> 장소 또는 구체적인 시간과 관계될 때는 '있다가'를 쓰고, 구체적이지 않은 시간을 나타낼 때는 '이따가'를 써요.

🔴 예) 방에 (있다가 / 이따가) 간식은 (있다가 / 이따가) 먹을게요.
　　　 ↑장소를 나타내는 말　　　　　　 ↑구체적이지 않은 시간

월   일   요일

1 문장을 소리 내어 읽고 맞춤법에 맞게 따라 쓰세요.

(1) 친 구   집 에   있 다 가   갈 게 요 .

(2) 이 따 가   서 점   앞 에 서   만 나 .

2 맞춤법에 맞는 낱말에 O표 하고 빈칸에 바르게 쓰세요.

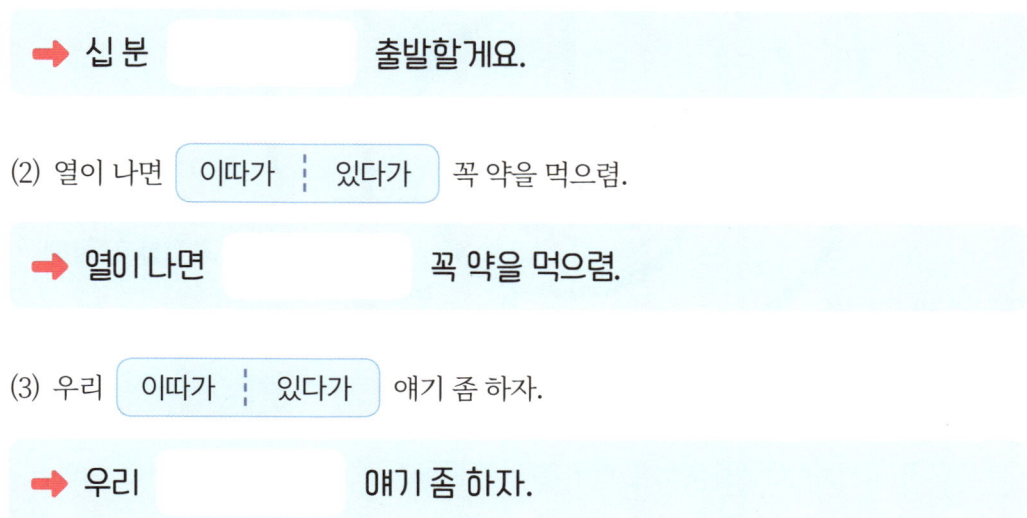

(1) 십 분 [이따가 | 있다가] 출발할게요.

  ➡ 십 분 ____ 출발할게요.

(2) 열이 나면 [이따가 | 있다가] 꼭 약을 먹으렴.

  ➡ 열이 나면 ____ 꼭 약을 먹으렴.

(3) 우리 [이따가 | 있다가] 얘기 좀 하자.

  ➡ 우리 ____ 얘기 좀 하자.

3 뜻풀이에 맞는 낱말에 O표 하고, 그 낱말을 넣어 문장을 쓰세요.

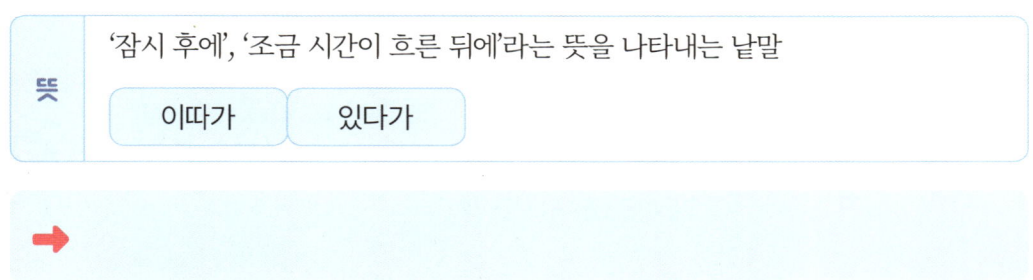

뜻	'잠시 후에', '조금 시간이 흐른 뒤에'라는 뜻을 나타내는 낱말
	이따가 있다가

➡

31. 조리다 와 졸이다

⭐ 빈칸에 들어갈 낱말은 무엇일까요? 미로를 통과해 보세요.

'조리다'는 '고기나 생선에 양념을 하고 간이 배도록 국물이 거의 없어질 만큼 끓이는 것', '열매나 뿌리를 꿀 등에 넣고 계속 끓여 단맛이 나게 하는 것'을 뜻해요. '졸이다'는 '조마조마하며 애를 태우다'라는 뜻과 '찌개 등의 물을 줄어들게 하다'라는 뜻을 나타내요. 뜻이 다르지만 소리가 같아 틀리기 쉬우니 바르게 따라 쓰며 낱말의 뜻을 기억하세요.

예) 고추장 양념에 감자를 조리세요.   국물이 너무 많으니 조금 더 졸이세요.

바짝 끓여서 양념이나 단맛이 배어들게 할 때만 '조리다'를 써요.

예) 고등어를 (졸이다 / 조리다).
　　　　　　　　　↑ 양념이나 단맛이 배어들게 한다는 의미

　　약한 불로 찌개를 (졸이다 / 조리다).
　　　　　　　　　↑ 물을 줄어들게 한다는 의미

꼼꼼확인

월   일   요일

1 문장을 소리 내어 읽고 맞춤법에 맞게 따라 쓰세요.

(1) 어묵을 짭짤하게 조려요.

(2) 두근두근 가슴을 졸여요.

2 맞춤법에 맞는 낱말을 〈보기〉에서 찾아 빈칸에 바르게 쓰세요.

| 보기 | 조리고   졸이고   조렸어요   졸였어요   조리셨지만   졸이셨지만 |

오늘은 아빠가 요리 솜씨를 뽐내셨어요. 소고기에 간장으로 만든 양념장을 넣어 _____, 된장찌개도 끓여 주셨어요. 중간에 제가 된장찌개를 맛봤는데 너무 싱거워서 찌개는 조금 더 _____. 아빠는 맛이 없으면 어쩌나 하고 마음을 _____ 가족 모두가 맛있게 먹는 모습을 보고 기뻐하셨어요.

3 맞춤법에 맞는 낱말에 O표 하고, 그 낱말을 넣어 문장을 쓰세요.

쪼리다   쫄이다   조리다

➡

쏙쏙문제

1 밑줄 친 낱말이 바르게 쓰인 것에는 O표, 틀린 것에는 X표 하세요.

(1) 동생이 입가에 초콜릿을 <u>무치고</u> 먹고 있어요. ☐

(2) 방 안의 가구를 <u>들어내니</u> 방이 넓어졌어요. ☐

(3) 비뚤어진 모자를 반드시 <u>고쳐</u> 쓰고 집을 나서요. ☐

(4) 윤지야, 강아지 털을 좀 <u>빗어</u> 줘야겠구나. ☐

(5) <u>어떡해</u> 하면 그렇게 춤을 잘 출 수 있어? ☐

2 빈칸에 들어갈 알맞은 낱말을 <보기>에서 골라 쓰세요.

보기	맡고 맞고 받치고 바치고 붙여 부쳐 넘어 너머

(1) 고기 냄새를 _____ 입맛을 다셔요.

(2) 주스를 쟁반에 _____ 조심조심 걸어요.

(3) 엄마가 _____ 주시는 김치부침개가 최고예요.

(4) 울타리 _____ 까지 들리도록 노래를 불러요.

3 맞춤법에 맞는 낱말을 찾아 O표 하세요.

(1) 낮잠을 많이 자서 그런지 잠이 [않 | 안] 와요.

(2) 집에 갔다가 [이따가 | 있다가] 다시 놀자.

(3) 덥지도 [앉은지 | 않은지] 아이들이 신나게 뛰놀아요.

(4) 태권도 승단 심사를 [무난하게 | 문안하게] 통과했어요.

(5) 문고리가 고장 났는지 [다친 | 닫힌] 문이 안 열려요.

4 밑줄 친 낱말을 맞춤법에 맞게 고쳐 쓰세요.

(1) 돌아가신 독립운동가들께 이 노래를 <u>받칩니다</u>. ➡

(2) 다리를 다친 친구의 병<u>무난</u>을 다녀왔어요. ➡

(3) 안내문은 이쪽 벽에 <u>부치면</u> 될까요? ➡

5 빈칸에 들어갈 낱말을 찾아 알맞게 이으세요.

(1) 저는 놀이기구가 하나도 _____ 무서워요.   · [않]
　　　　　　　　　　　　　　　　　　　　　　· [안]

(2) 꼬불꼬불 고갯길을 _____ 건넛마을로 가요.   · [넘어]
　　　　　　　　　　　　　　　　　　　　　　· [너머]

(3) 뛰지 마, 그러다가 넘어지면 _____.   · [어떻게]
　　　　　　　　　　　　　　　　　　　　　　· [어떡해]

(4) 달님이 구름 사이로 얼굴을 _____.   · [드러냈어요]
　　　　　　　　　　　　　　　　　　　　　　· [들어냈어요]

쏙쏙문제

6 친구들의 대화에서 맞춤법이 틀린 부분을 찾고 바르게 고쳐 쓰세요.

> 보람 어제 저녁에 한 축구 시합 봤어?
> 준수 응, 승부차기할 때 정말 마음을 ㉠조렸어.
> 보람 ㉡무난하게 이길 것 같았는데 말이야.
> 준수 골키퍼를 ㉢맡은 선수의 활약이 대단했지.

(1) 맞춤법이 틀린 부분 (2) 바르게 고쳐 쓰기

7 그림을 보고 <보기>에서 알맞은 낱말을 찾아 쓰세요.

> 보기 빚었어요 빗었어요   묻쳐요 무쳐요   반드시 반듯이

(1) 찻잔을 내 손으로 _____ .

(2) 조물조물 시금치를 _____ .

(3) ⬚ 골대에 공을 넣을 거예요.

8 뜻풀이에 맞는 낱말을 찾아 √표 하고 바르게 옮겨 쓰세요.

(1) 고기, 생선 등을 양념해서 국물이 거의 남지 않게 끓이다.

☐ 조리다   ☐ 졸이다

(2) '어떤 장소에 머무르다가', '어떤 상태가 유지되다가'라는 뜻의 낱말

☐ 이따가   ☐ 있다가

(3) 부딪치거나 맞거나 하여 몸에 상처가 생기다.

☐ 닫히다   ☐ 다치다

비밀 쪽지에 담긴 진실?!

옳은 표현을 알아봐요!

쑥스럽다 어딘지 어색하고 부끄럽다는 뜻을 나타내는 낱말은 '쑥스럽다'예요.
소리 나는 대로 '쑥쓰럽다'라고 쓰면 틀려요.

설레다 마음이 들떠서 두근거린다는 뜻을 나타내는 낱말은 '설레다'예요.
'설레이다'는 '설레다'의 잘못된 표기예요.

좋아하다 '좋아하다'를 소리 나는 대로 '조아하다'로 적는 경우가 많아요.
'ㅎ' 받침의 소리는 나지 않지만 원래 낱말의 모양을 살려서 써야 해요.

곤란하다 사정이 몹시 딱하고 어렵다는 뜻을 나타내는 낱말은 '곤란하다'예요.
모양을 착각해 '곤난하다'로 쓰는 경우가 있는데
바른 표기는 '곤란하다'예요.

제 4 장

뜻에 따라 구별해서 써야 하는 말

우리말에는 소리는 다르지만 모양이 비슷해 자꾸자꾸 헷갈리는 낱말들이 많이 있어요. 한 글자만 바뀌어도 뜻이 달라지기 때문에 각 낱말들의 모양과 쓰임새를 잘 알아야 말할 때나 글 쓸 때 생각을 잘 전달할 수 있어요. 여기서는 쓰임새에 따라 구별해서 써야 하는 낱말의 예를 살펴보며 올바른 맞춤법을 익혀 봐요.

학습 내용

- 32 가르치다 와 가리키다
- 33 껍질 과 껍데기
- 34 날다 와 나르다
- 35 낫다 와 낳다
- 36 늘이다 와 늘리다
- 37 다르다 와 틀리다
- 38 -던 과 -든
- 39 들르다 와 들리다
- 40 -로서 와 -로써
- 41 맞추다 와 맞히다
- 42 바라다 와 바래다
- 43 벌리다 와 벌이다
- 44 봉오리 와 봉우리
- 45 부수다 와 부시다
- 46 썩이다 와 썩히다
- 47 웃- 과 윗-
- 48 잃어버리다 와 잊어버리다
- 49 -장이 와 -쟁이
- 50 채 와 체 와 째

32 가르치다 와 가리키다

빈칸에 들어갈 낱말은 무엇일까요? 사다리를 따라가 보세요.

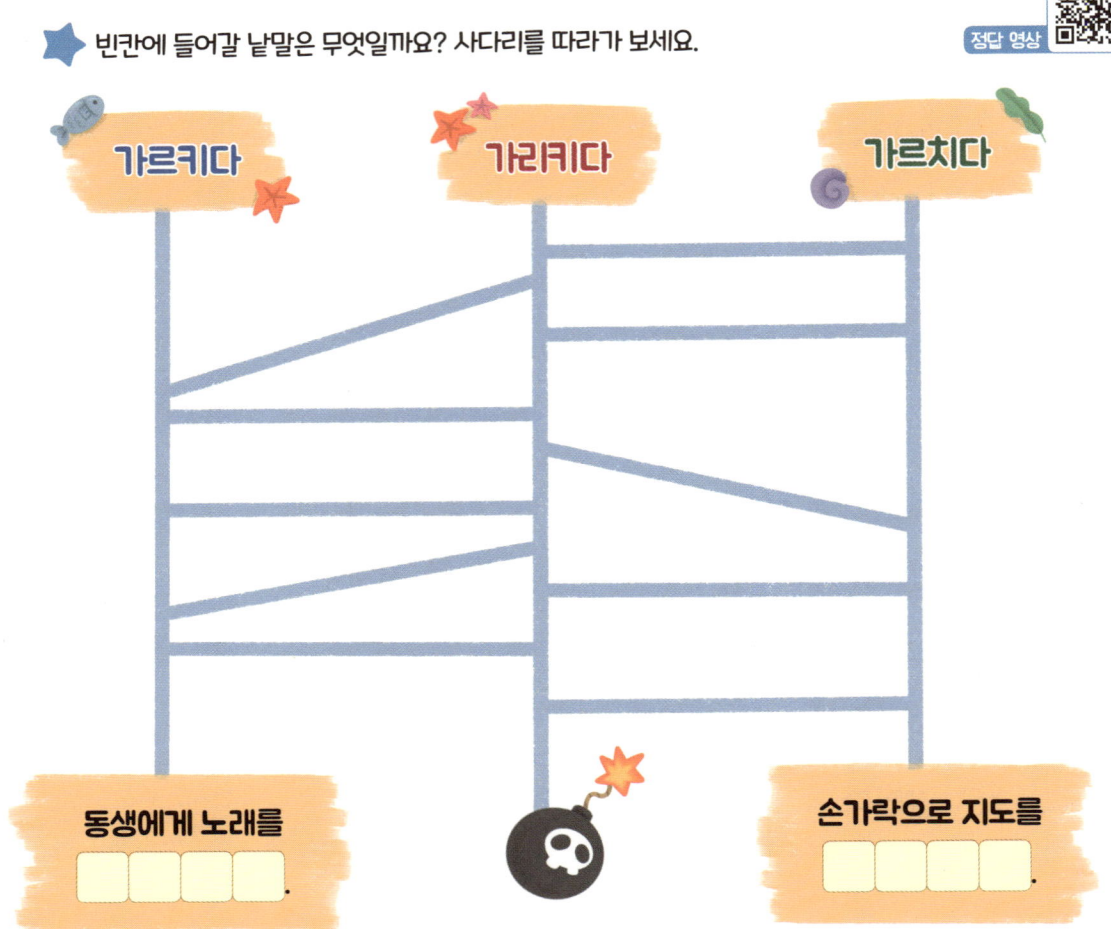

'가르치다'는 '남에게 어떤 지식이나 기술 등을 깨닫게 하거나 익히게 하다'라는 뜻이고, '가리키다'는 '남에게 어떤 것을 꼭 집어 보게 하다', '어떤 것을 딱 짚어 말하다'라는 뜻이에요. 두 낱말은 얼핏 비슷해 보여서 헷갈리기 쉬우니 주의해서 써야 해요. '가르치다'의 뜻으로 '가르키다', '아르키다', '가리치다'라고 말하기도 하는데 모두 잘못된 표현이에요.

예) 학생에게 피아노를 가르쳐요.
밤하늘에 떠 있는 별을 가리켜요.

배움과 관련될 때에는 '가르치다'를 쓰고, 무엇인가를 표시할 때는 '가리키다'를 써요.

예) 아이에게 젓가락질을 (가르치다 | 가리키다).
시곗바늘이 열 시를 (가르치다 | 가리키다).

꼼꼼확인

월   일   요일

1 문장을 소리 내어 읽고 맞춤법에 맞게 따라 쓰세요.

(1) | 길 | | 좀 | | 가 | 르 | 쳐 | | 주 | 세 | 요 | . | | |

(2) | 선 | 생 | 님 | 이 | | 칠 | 판 | 을 | | 가 | 리 | 켜 | 요 | . |

2 맞춤법에 맞는 낱말을 찾아 줄로 잇고 빈칸에 바르게 쓰세요.

(1) 내가 비밀을 하나 _____ 줄게.

- 가르쳐
- 가리켜

(2) 메뉴판을 _____ 주문해요.

- 가르치며
- 가리키며

(3) 아빠는 수학을 _____ 선생님이에요.

- 가르치는
- 가리키는

3 뜻풀이에 맞는 낱말에 ○표 하고, 그 낱말을 넣어 문장을 쓰세요.

뜻	지식이나 기술 등을 설명해서 익히게 하다.
	가리치다 아르키다 가르치다 가리키다

➡

33 껍질 과 껍데기

★ 빈칸에 들어갈 낱말은 무엇일까요? 미로를 통과해 보세요.

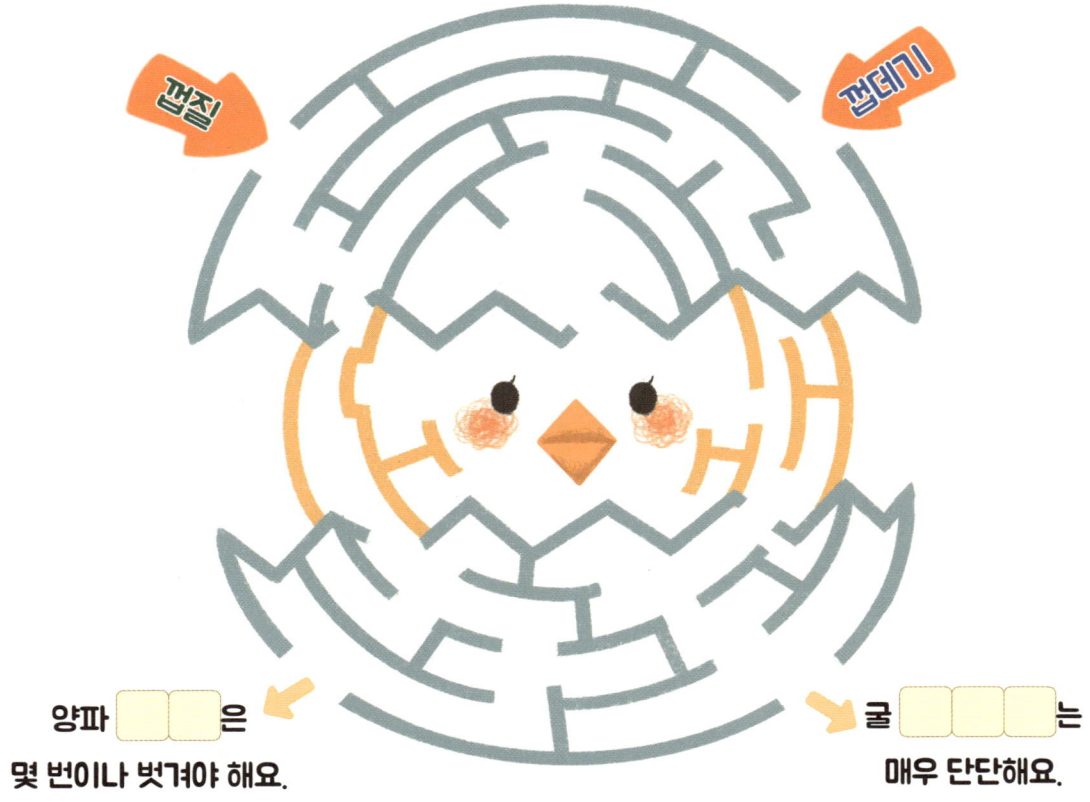

양파 ☐☐은 몇 번이나 벗겨야 해요.

굴 ☐☐☐는 매우 단단해요.

'껍질'과 '껍데기'는 '물체의 겉을 싸고 있는 물질'이라는 점은 같지만 쓰임새가 달라요. '껍질'은 '식물의 줄기나 열매를 싸고 있는 단단하지 않은 물질' 또는 '동물의 가죽'을 가리켜요. 한편 '껍데기'는 '알이나 조개, 열매 등의 겉을 싸고 있는 단단한 물질'을 가리켜요. 주변에서 '껍질'과 '껍데기'를 찾아서 두 낱말을 구별하는 연습을 해 보면 재미있을 거예요.

예) 포도는 껍질째 먹을 수 있어요.
소라 껍데기를 귀에 대 보아요.

보통 재질이 단단하지 않은 것은 '껍질', 단단한 것은 '껍데기'라고 생각하면 쉬워요.

예) 감자 (껍질 / 껍데기)
달걀 (껍질 / 껍데기)

꼼꼼확인

월   일   요일

1 문장을 소리 내어 읽고 맞춤법에 맞게 따라 쓰세요.

(1) 귤 껍질로 차를 끓여요.

(2) 호두 껍데기를 부수어요.

2 맞춤법에 맞는 낱말에 O표 하고 빈칸에 바르게 쓰세요.

(1) 사과 [껍질 | 껍데기] 이 너무 두꺼워요.

➡ 사과 _____ 이 너무 두꺼워요.

(2) 바나나 [껍질 | 껍데기] 에 미끄러졌어요.

➡ 바나나 _____ 에 미끄러졌어요.

(3) 새우 [껍질 | 껍데기] 는 까기가 힘들어요.

➡ 새우 _____ 는 까기가 힘들어요.

3 뜻풀이에 맞는 낱말에 O표 하고, 그 낱말을 넣어 문장을 쓰세요.

뜻	달걀이나 조개 등의 겉을 싸고 있는 단단한 물질
	껍찔 껍질 껍떼기 껍데기

➡ _____

34 날다 와 나르다

⭐ 빈칸에 들어갈 낱말은 무엇일까요? 선을 따라가 보세요.

고추잠자리가 하늘을 ☐☐.

엄마를 도와 음식을 ☐☐☐.

'날다'는 공중에 뜬 상태에서 어떤 위치에서 다른 위치로 움직인다는 뜻의 낱말로 '하늘을 나는 비행기'처럼 써요. 그런데 낱말이 바뀌는 모양을 착각해서 '날다'를 '날으다'나 '날르다', 또는 '나르다'로 잘못 쓰는 경우가 있어요. '날으다'와 '날르다'는 없는 낱말이고 '나르다'는 사람이나 짐을 한 곳에서 다른 곳으로 옮긴다는 뜻이에요.

예) 나비가 훨훨 날다.
    부지런히 벽돌을 나르다.

낱말이 바뀌는 모양을 잘 보고 기억해 보세요.
'날다'는 '날아', '나니', '납니다'로 모양을 바꾸고
'나르다'는 '날라', '나르니', '나릅니다'로 모양을 바꿔요.

예) 어미 새가 먼저 공중으로 (날았다 / 날랐다).
    책장을 큰 방으로 (날았다 / 날랐다).

꼼꼼확인

월   일   요일

1 문장을 소리 내어 읽고 맞춤법에 맞게 따라 쓰세요.

(1) 하늘을 나는 꿈을 꿨어요.

(2) 이 삿짐을 나르는 사람들

2 맞춤법에 맞는 낱말을 〈보기〉에서 찾아 빈칸에 바르게 쓰세요.

| 보기 | 나는 | 나르는 | 날으는 | 날아 | 날라 | 날고 | 나르고 |

며칠 전 태어나 처음으로 비행기를 탔다. 그동안 비행기가 [　　　　] 모습만 봤었는데 실제로 하늘을 [　　　　] 여행을 떠난다니 신이 났다. 비행기를 기다리면서 밖을 보니 우리 짐을 [　　　　] 계시는 분들이 보였다. 나는 가방 하나도 들기 힘들던데 정말 대단했다. 공항에서 수고해 주시는 분들 덕분에 편하게 여행을 할 수 있어 고마운 마음이 들었다.

3 뜻풀이에 맞는 낱말에 O표 하고, 그 낱말을 넣어 문장을 쓰세요.

| 뜻 | 새, 곤충, 비행기 등이 공중에 떠다니다. |
| | 날으다   날르다   날다   나르다 |

➡

35 낫다 와 낳다

★ 빈칸에 들어갈 낱말은 무엇일까요? 낱말을 찾아 동그라미 치세요.

약을 바르고 상처가 ☐☐.
거북이가 육지에서 알을 ☐☐.

'낫다'는 '병이 고쳐지거나 상처가 아물어 원래대로 되다', '어떤 것이 다른 것보다 더 좋다'라는 뜻이에요. 한편 '낳다'는 '몸에 밴 아기, 새끼, 알 등을 몸 밖으로 나오게 하다', '어떤 결과를 가져오다'라는 뜻으로 쓰여요. 모양이 비슷해 보이지만 '낫다'는 [낟따], '낳다'는 [나타]라고 발음해요. 낱말을 소리 내어 읽으며 뜻과 모양을 함께 기억해 보세요.

예) 감기가 다 낫다.
    닭이 알을 낳다.

상상력을 발휘해 보세요. '낳다'의 '낳'을 닭이 알을 낳는 모습이라고 상상해 봐요. 'ㅎ' 받침이 알이 되는 거죠. 이렇게 머릿속에 그림을 그려 놓으면 헷갈리지 않을 거예요.

꼼꼼확인

1 문장을 소리 내어 읽고 맞춤법에 맞게 따라 쓰세요.

(1) 상 처 가   깨 끗 이   나 았 어 요 .

(2) 돼 지 가   새 끼 를   낳 았 어 요 .

2 맞춤법에 맞는 낱말을 찾아 줄로 잇고 빈칸에 바르게 쓰세요.

(1) 이 옷보다는 저 옷이 _____ .

· 낫네
· 낳네

(2) 연어는 알을 _____ 강으로 가요.

· 나으러
· 낳으러

(3) 약을 먹고 두통이 다 _____ .

· 나았어요
· 낳았어요

3 뜻풀이에 맞는 낱말에 O표 하고, 그 낱말을 넣어 문장을 쓰세요.

| 뜻 | 서로 비교해 보았을 때 어떤 것이 더 좋다. |
| | 낫다   낳다   났다 |

→

36 늘이다 와 늘리다

⭐ 빈칸에 들어갈 낱말은 무엇일까요? 같은 낱말을 모두 따라가 보세요.

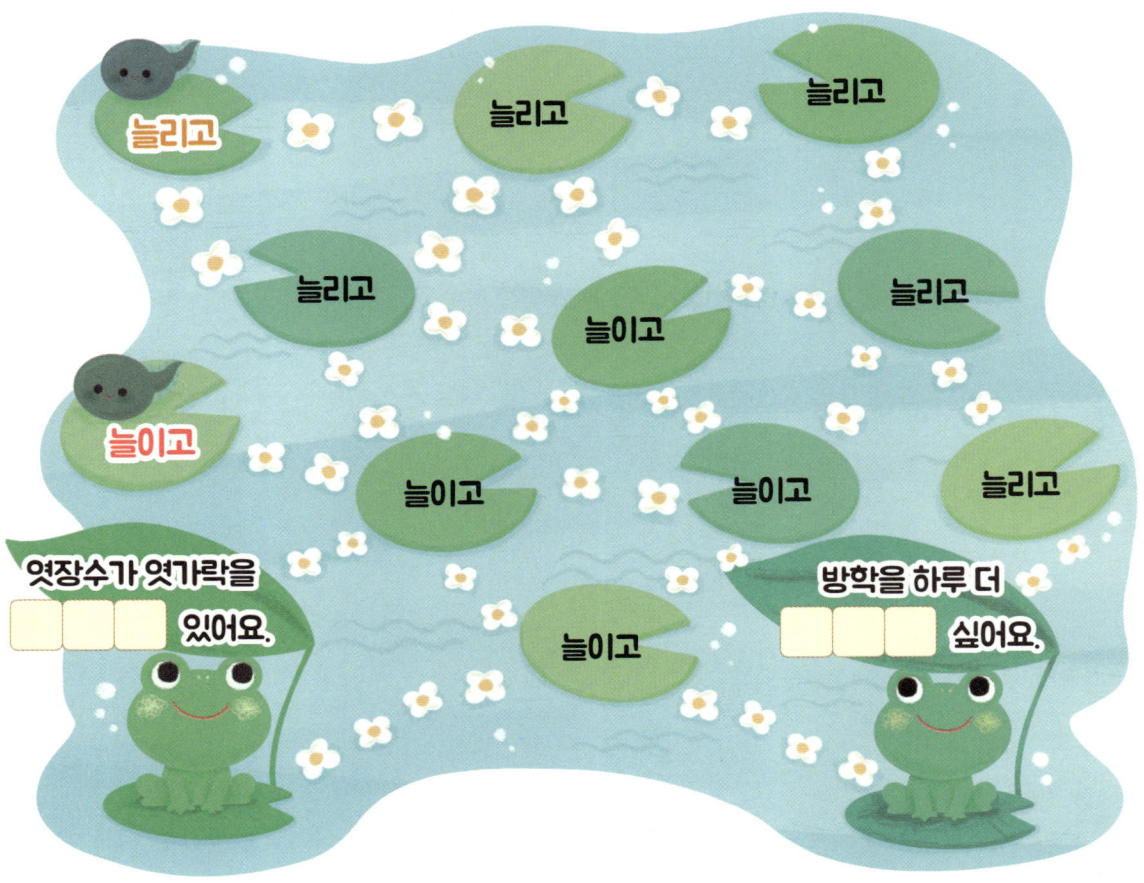

'늘이다'는 '길이를 늘어나게 하다'라는 뜻의 낱말이에요. 어떤 것을 아래로 길게 처지게 할 때도 '늘이다'를 써요. '늘리다'는 '원래보다 크거나 많게 하다'라는 뜻이죠. 모양도 뜻도 비슷해 보이지만 쓰임새에 차이가 있기 때문에 알맞게 구별해서 써야 해요.

예) 고무줄을 길게 **늘여요**.
　　맞춤법 실력을 **늘려요**.

> '늘이다'는 길이와 관련돼요. 따라서 '늘이다'와 '길이'에 똑같이 '이' 자가 들어간다는 것을 떠올리면 '늘이다'를 써야 할 자리를 헷갈리지 않아요.
> 예) 짧은 바짓단을 (**늘이다** / 늘리다).　→ 길이(O)
> 　　좁은 바지통을 (늘이다 / **늘리다**).　→ 길이(X)

꼼꼼확인

1 문장을 소리 내어 읽고 맞춤법에 맞게 따라 쓰세요.

(1) | 국 | 수 | | 가 | 락 | 을 | | 길 | 게 | | 늘 | 여 | 요 | . |

(2) | 야 | 구 | 팀 | 의 | | 선 | 수 | 를 | | 늘 | 려 | 요 | . | |

2 맞춤법에 맞는 낱말을 찾아 줄로 잇고 빈칸에 바르게 쓰세요.

(1) 쉬는 시간을 조금 ☐☐☐ 주세요.   • 늘여   • 늘려

(2) 양갈래로 땋아 ☐☐☐ 머리가 예뻐요.   • 늘인   • 늘린

(3) 이 우산은 ☐☐☐ 줄였다 할 수 있어요.   • 늘였다   • 늘렸다

3 뜻풀이에 맞는 낱말에 O표 하고, 그 낱말을 넣어 문장을 쓰세요.

| 뜻 | 물체의 넓이, 부피 등을 원래보다 크게 하다.
늘리다 　 늘이다 |

➡

37 다르다 와 틀리다

⭐ 빈칸에 들어갈 낱말은 무엇일까요? 선을 따라가 보세요.

정답 영상

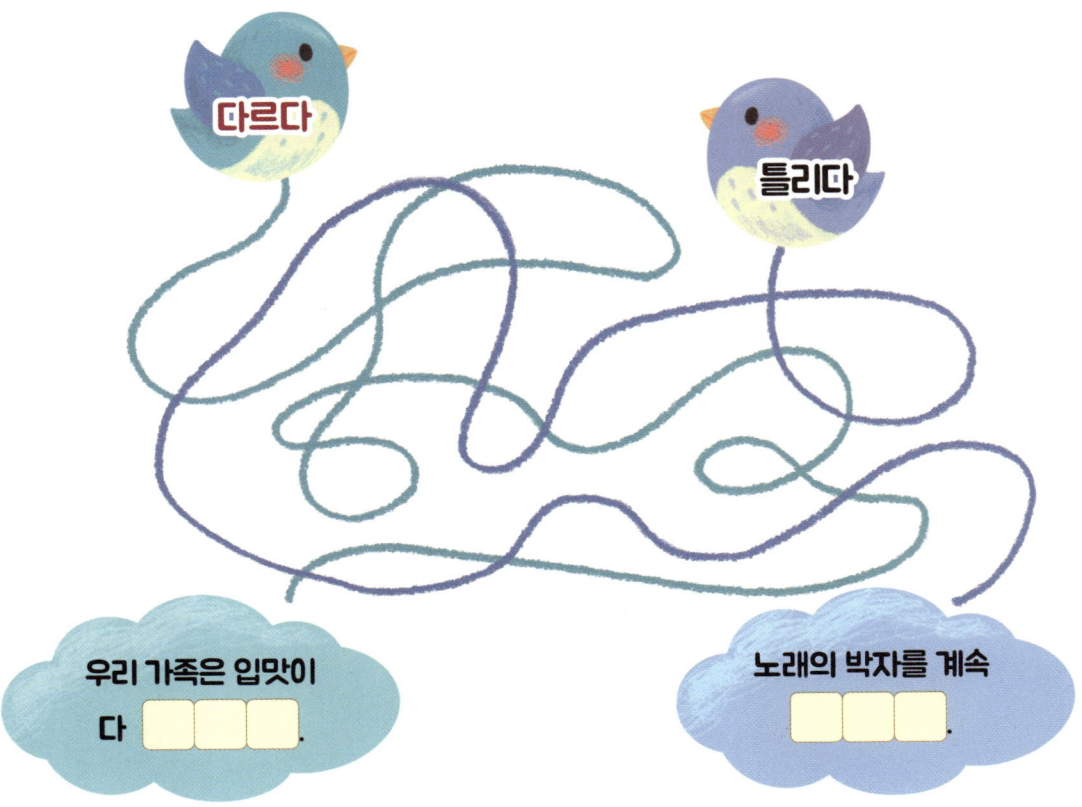

우리 가족은 입맛이 다 ☐☐☐.

노래의 박자를 계속 ☐☐☐.

'다르다'는 어떤 것이 같지 않고 서로 구별된다는 뜻의 낱말이에요. 한편 '틀리다'는 답이나 셈, 사실이 맞지 않거나 옳지 않다는 뜻을 나타내요. '다르다'의 반대말은 '같다'이고, '틀리다'의 반대말은 '맞다'인 것이죠. '다르다'를 써야 할 때 '틀리다'로 잘못 쓰는 경우가 많은데 두 낱말의 뜻과 쓰임새가 '다르니' '틀리게' 쓰지 않도록 주의해야 해요.

예) 쌍둥이라도 성격은 달라요.
맞춤법을 자주 틀려요.

꼼꼼확인

월   일   요일

1 문장을 소리 내어 읽고 맞춤법에 맞게 따라 쓰세요.

(1) | 지 | 문 | 은 | | 모 | 두 | | 다 | | 달 | 라 | 요 | . |

(2) | 비 | 밀 | 번 | 호 | 를 | | 자 | 꾸 | 만 | | 틀 | 려 | 요 | . |

2 맞춤법에 맞는 낱말을 찾아 줄로 잇고 빈칸에 바르게 쓰세요.

(1) _____ 색 물감을 섞어서 칠해요.   • 다른
　　　　　　　　　　　　　　　　　• 틀린

(2) 아차, 날짜를 _____ 썼네.   • 다르게
　　　　　　　　　　　　　　• 틀리게

(3) 수달과 해달은 무엇이 _____ ?   • 다를까
　　　　　　　　　　　　　　　　• 틀릴까

3 뜻풀이에 맞는 낱말에 O표 하고, 그 낱말을 넣어 문장을 쓰세요.

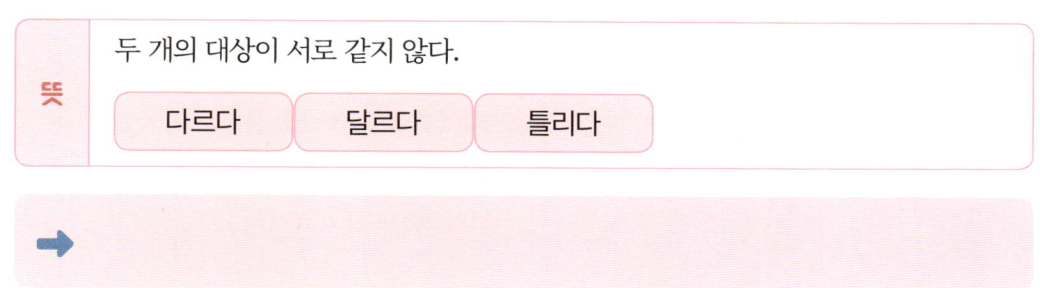

→

38 -던 과 -든

빈칸에 들어갈 낱말은 무엇일까요? 미로를 통과해 보세요.

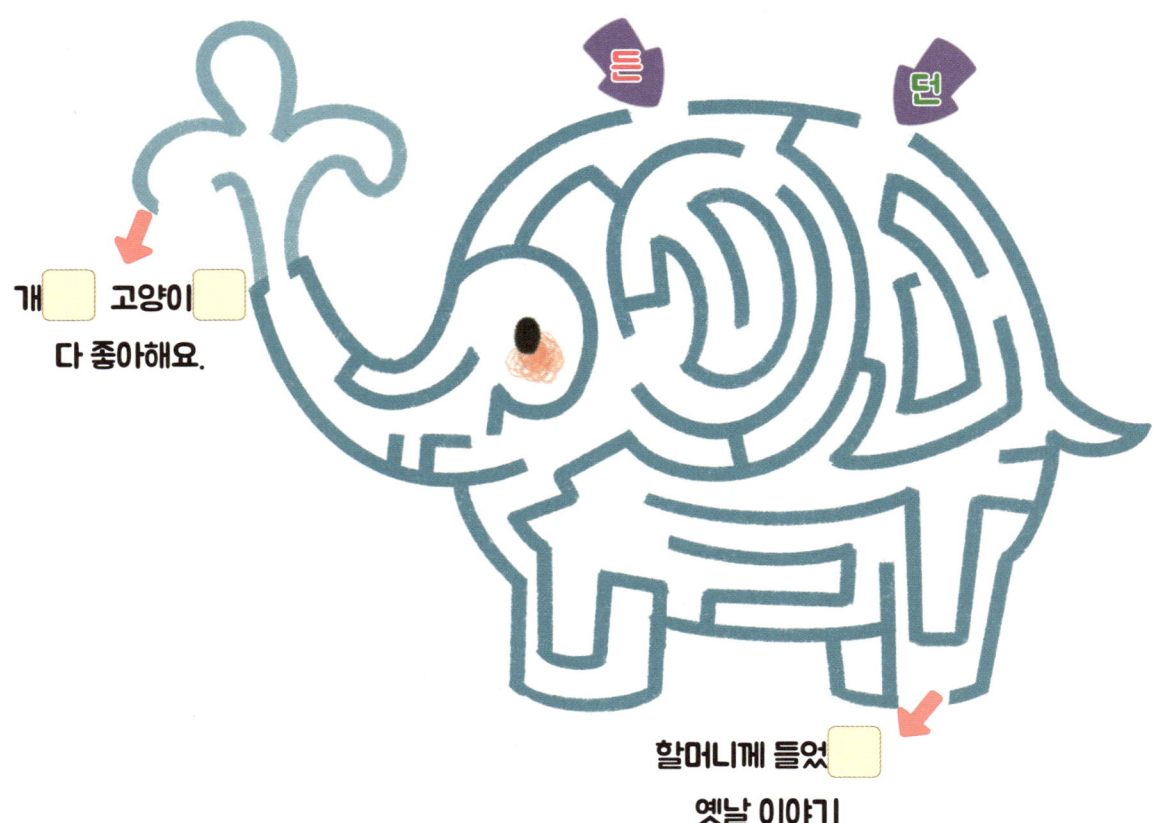

개 [ ] 고양이 [ ]
다 좋아해요.

할머니께 들었 [ ]
옛날 이야기

'-던'은 낱말 뒤에 붙어서 과거의 일이나 경험을 나타내고, '-든'은 낱말 뒤에 붙어서 어떤 것을 골라도 차이가 없는 둘 이상의 일을 나타내요. 두 낱말은 발음이 비슷하게 들려서 혼동해서 쓰는 일이 많은데 뜻이 전혀 다르니 헷갈리지 말고 알맞게 잘 구별해서 써야 해요.

예) 파랗던 토마토가 빨개졌어요.
먹든 말든 맘대로 해.

과거의 일에는 '-던'을 쓰고,
선택과 관련된 일에는 '-든'을 쓰면 돼요.
· 과거(O), 선택(X)
예) 아까 (먹던 / 먹든) 과자가 어디 갔지?
책이라면 (뭐던 / 뭐든) 좋아요.
· 과거(X), 선택(O)

꼼꼼확인

월   일   요일

1 문장을 소리 내어 읽고 맞춤법에 맞게 따라 쓰세요.

(1) 미뤘던 숙제를 끝냈어요.

(2) 춤이든 노래든 다 좋아요.

2 맞춤법에 맞는 낱말을 찾아 줄로 잇고 빈칸에 바르게 쓰세요.

(1) 동생은 ____ 나를 따라 해요.
  • 뭐던
  • 뭐든

(2) 작년에 ____ 옷이 작아졌어요.
  • 입던
  • 입든

(3) 고민이 있으면 ____ 말해 줘.
  • 언제던
  • 언제든

3 뜻풀이에 맞는 낱말에 O표 하고, 그 낱말을 넣어 문장을 쓰세요.

뜻	낱말 뒤에 붙어 어느 것이 선택되어도 차이가 없음을 나타내는 말
	-던 -든

➡ _____

39 들르다 와 들리다

빈칸에 들어갈 낱말은 무엇일까요? 선을 따라가 보세요.

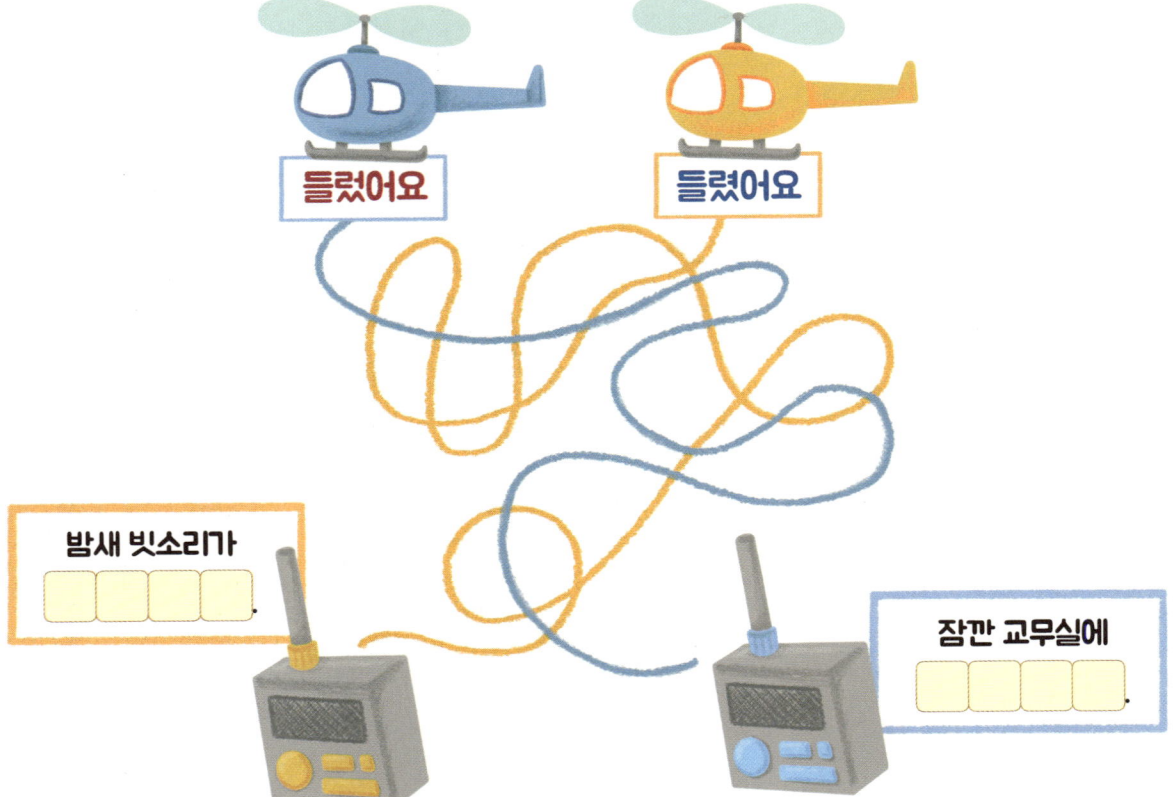

'들르다'는 '지나가는 길에 어떤 곳에 잠깐 머무르다'라는 뜻이고, '들리다'는 '귀로 소리를 듣게 되다'라는 뜻이에요. 즉, '들르다'는 공간과 관련되고, '들리다'는 소리와 관련되는 것이죠. 그런데 많은 사람들이 '들르다'를 '들리다'로 잘못 쓰고 있어요. 낱말의 뜻과 쓰임새를 생각하며 바르게 쓰도록 해요.

예) 문방구에 들러 지우개를 샀다.
큰 소리가 들려 뒤를 돌아봤다.

> 너무 익숙해진 탓에 자꾸 틀리는 낱말은 크게 소리 내어 말하다 보면 입에 익어 틀리지 않게 돼요. '서점에 들른 다음 빵집에 들렀다'와 같은 문장을 반복해 읽으며 올바른 쓰임새를 기억해 보세요.

꼼꼼확인

월   일   요일

1 문장을 소리 내어 읽고 맞춤법에 맞게 따라 쓰세요.

(1) | 친 | 구 | 네 | | 들 | 렀 | 다 | 가 | | 갈 | 게 | 요 | . |

(2) | 창 | 가 | 에 | 서 | | 새 | | 소 | 리 | 가 | | 들 | 렸 | 다 | . |

2 맞춤법에 맞는 낱말을 〈보기〉에서 찾아 빈칸에 바르게 쓰세요.

| 보기 | 들리는   들르는   들려서   들러서   들렸다가   들렀다가 |

사랑하는 지수에게

지수야, 엄마가 자주 [   ] 채소 가게 알지? 집에 오는 길에

가지 세 개만 사다 줄래? 엄마는 선풍기에서 소리가 [   ]

수리점에 [   ] 집으로 갈게.

엄마가

3 뜻풀이에 맞는 낱말에 O표 하고, 그 낱말을 넣어 문장을 쓰세요.

| 뜻 | 지나는 길에 잠깐 들어가 머무르다.
 들르다   들리다 |

➡

40 -로서 와 -로써

★ 빈칸에 들어갈 낱말은 무엇일까요? 같은 낱말을 모두 따라가 보세요.

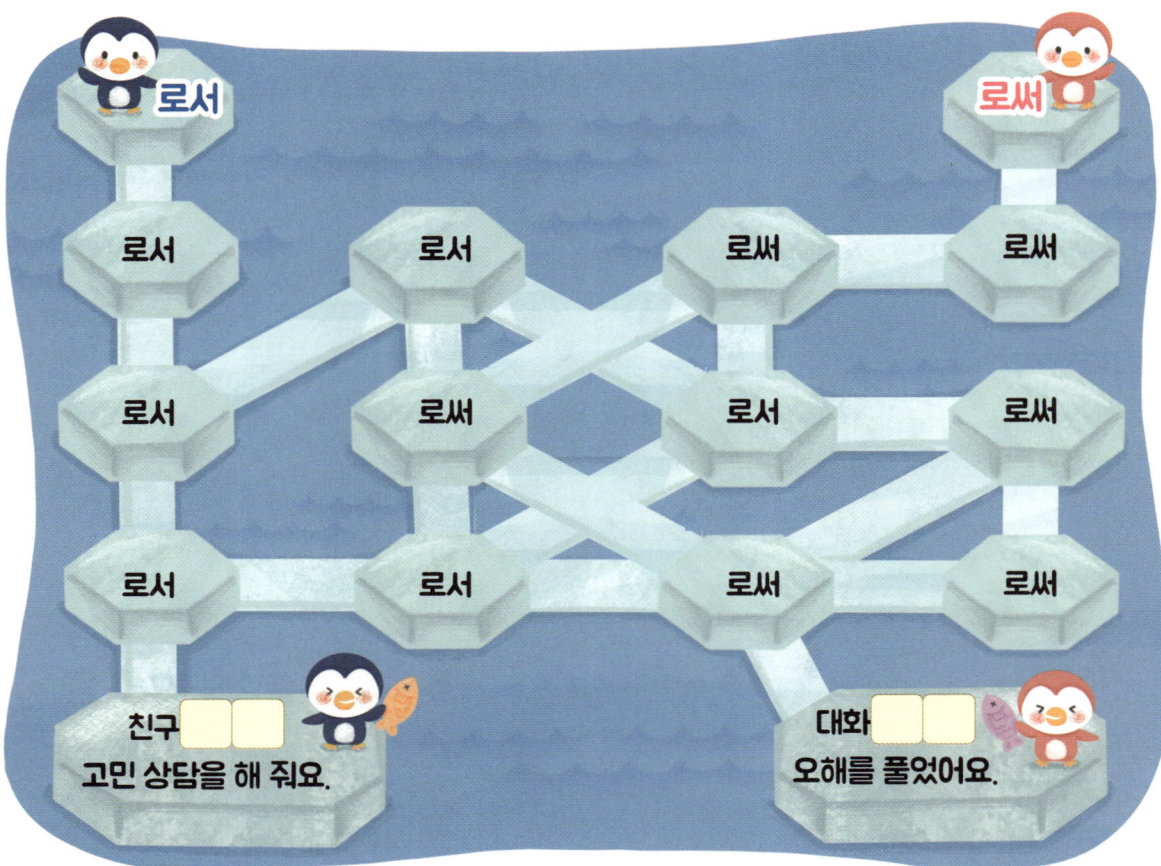

'-로서'는 '어떤 자격이나 신분, 지위를 가지고'라는 뜻의 낱말이고, '-로써'는 '어떤 재료나 원료를 가지고' 또는 '어떤 수단이나 방법을 써서'라는 뜻의 낱말이에요. 두 낱말은 뜻이 전혀 다르지만 모양과 소리가 비슷해 혼동해서 쓰이는 일이 많아요. 각 낱말의 올바른 뜻을 알고 알맞게 구별해서 쓰도록 해요.

예) 의사로서 보람을 느껴요.
편지로써 마음을 전해요.

'-로써'는 '어떤 도구나 수단, 방법을 써서'라는 뜻인데, '도구를 써서 = 로써'와 같이 기억하면 헷갈리지 않고 쓸 수 있어요.

꼼꼼확인

월   일   요일

1 문장을 소리 내어 읽고 맞춤법에 맞게 따라 쓰세요.

(1) 가 수 로 서   사 랑 을   받 아 요 .

(2) 도 끼 로 써   나 무 를   베 어 요 .

2 맞춤법에 맞는 낱말에 O표 하고 빈칸에 바르게 쓰세요.

(1) 국가 대표 [로서 / 로써] 대회에 나가요.
→ 국가 대표 _____ 대회에 나가요.

(2) 동생은 올해 [로서 / 로써] 여덟 살이 됐어요.
→ 동생은 올해 _____ 여덟 살이 됐어요.

(3) 학생 대표 [로서 / 로써] 열심히 활동해요.
→ 학생 대표 _____ 열심히 활동해요.

3 뜻풀이에 맞는 낱말에 O표 하고, 그 낱말을 넣어 문장을 쓰세요.

뜻: 다른 낱말 뒤에 붙어 어떤 물건의 재료나 일의 수단임을 나타내는 말
[-로써] [-로서]

→ _____

41 맞추다 와 맞히다

빈칸에 들어갈 낱말은 무엇일까요? 사다리를 따라가 보세요.

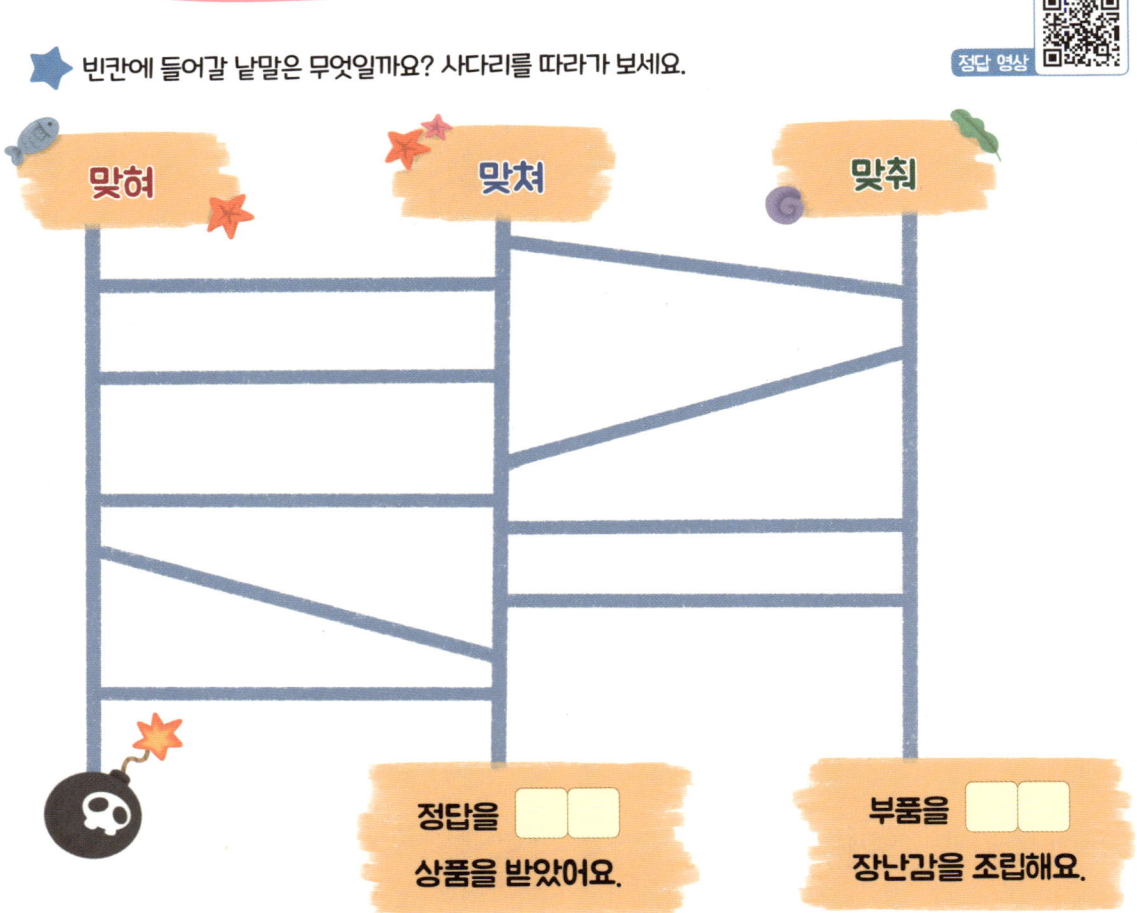

정답을 ☐☐ 상품을 받았어요.

부품을 ☐☐ 장난감을 조립해요.

'맞추다'는 '떨어져 있는 부분을 제자리에 붙이다', '어떤 것이 맞는지 비교하여 살펴보다'라는 뜻이고, '맞히다'는 '문제에 대한 답을 옳게 대다', '쏘거나 던져서 한 물체가 어떤 물체에 닿게 하다'라는 뜻이에요. 뜻이 전혀 다르지만 소리가 비슷해 많이 틀려요. 또한 '맞히다'를 '맞치다'로 잘못 쓰기도 하는데 쓸 때는 낱말의 원래 모양을 살려 써야 해요.

예) 답을 금방 맞혔어요.
  블록을 다 맞췄어요.

'맞히다'는 무언가를 목표물에 맞게 하는 것을 떠올리면 실수를 줄일 수 있어요. 어떤 것들이 있을까요? 화살을 쏘아 과녁을 '맞히고', 정답도 '맞히고', 주사도 '맞히죠'.

꼼꼼확인

월   일   요일

1 문장을 소리 내어 읽고 맞춤법에 맞게 따라 쓰세요.

(1) 친구랑 답을 맞춰 봐요.

(2) 수수께끼의 답을 맞혀 봐.

2 맞춤법에 맞는 낱말을 찾아 줄로 잇고 빈칸에 바르게 쓰세요.

(1) 답을 _____ 보니 다 맞았어요.

- 맞춰
- 맞혀

(2) 이 부품은 어디에 _____ 해요?

- 맞춰야
- 맞혀야

(3) 예방 주사를 _____ 게 좋겠어요.

- 맞추는
- 맞히는

3 뜻풀이에 맞는 낱말에 ○표 하고, 그 낱말을 넣어 문장을 쓰세요.

뜻	수수께끼나 문제에 정답을 대다.
	맞치다 맞히다 맞추다 마치다

➡ _____

42 바라다 와 바래다

★ 빈칸에 들어갈 낱말은 무엇일까요? 미로를 통과해 보세요.

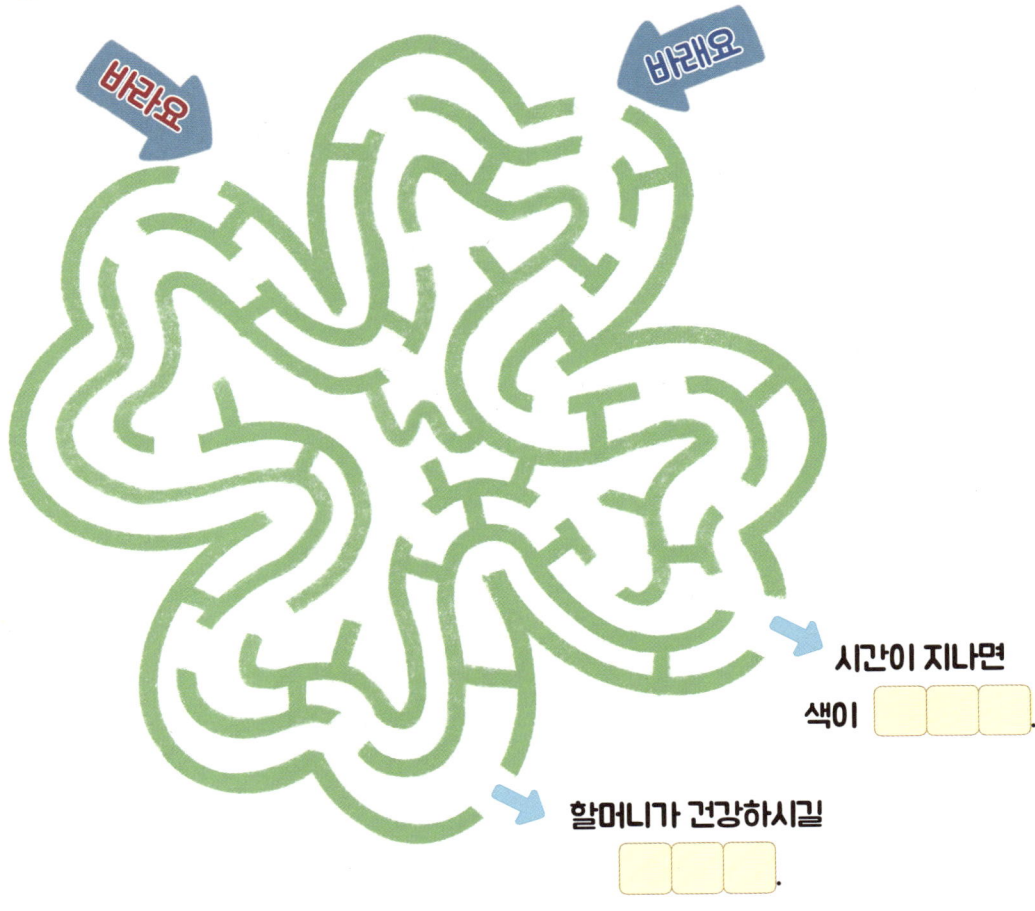

시간이 지나면 색이 ☐☐☐.

할머니가 건강하시길 ☐☐☐.

'바라다'는 생각이나 희망대로 어떤 일이 이루어지기를 기대한다는 뜻으로, 그렇게 바라는 마음은 '바람'이라고 해요. '바래다'는 볕이나 습기를 받아 색이 엷어지거나 누렇게 되었다는 뜻이에요. 비슷한 모양 때문에 헷갈리기 쉬우니 뜻에 따라 알맞게 구별해서 쓰길 바랍니다.

예) 꿈이 이루어지길 바라요.
　　옷을 햇볕에 말리면 색이 바래요.

꼼꼼확인

월   일   요일

1 문장을 소리 내어 읽고 맞춤법에 맞게 따라 쓰세요.

(1) 비가 안 내리길 바랐어요.

(2) 사진의 색이 바랬어요.

2 맞춤법에 맞는 낱말을 〈보기〉에서 찾아 빈칸에 바르게 쓰세요.

| 보기 | 바랬지만 | 바랐지만 | 바램 | 바람 | 바래 | 바라 |

내 친구 수아에게.

수아야, 안녕? 오랜만에 편지를 쓰네.

어제 책상 정리를 하다가 우리가 썼던 교환일기를 봤어.

종이는 ⬜ 꿈을 향한 우리의 ⬜ 이 가득 담겨 있었지. 내게는 무엇과도 바꿀 수 없는 소중한 보물이야. 학교는 멀어졌지만 우리의 우정은 변하지 않기를 ⬜ .

사랑이가

3 뜻풀이에 맞는 낱말에 O표 하고, 그 낱말을 넣어 문장을 쓰세요.

| 뜻 | 볕이나 습기를 받아 색이 변하다. |
| | 바라다   발하다   바래다 |

➡

43 벌리다 와 벌이다

★ 빈칸에 들어갈 낱말은 무엇일까요? 선을 따라가 보세요.

'벌리다'는 '다리를 벌리다'처럼 '둘 사이를 떼어서 넓히는 것', '맞붙거나 접힌 것을 펴거나 여는 것'을 뜻해요. 한편 '벌이다'는 '작전을 벌이다'와 같이 '일을 계획하여 시작하거나 펼치는 것', 또는 '옷을 벌이다'처럼 '여러 개의 물건을 늘어놓는 것'을 뜻하죠. 모양이 비슷해서 착각하기 쉽기 때문에 문장을 따라 쓰면서 뜻과 모양을 함께 기억해 보세요.

예) 입을 크게 벌려요.
　　이웃 돕기 운동을 벌여요.

'벌리다'를 써야 할지 '벌이다'를 써야 할지 헷갈릴 때에는 사이를 떼는 것인지 아닌지를 생각해 보세요.
붙어 있는 둘 사이를 떼는 것에는 '벌리다'를 쓰고, 그렇지 않은 것에는 '벌이다'를 쓰면 돼요.
　　　　　　　　　　→ 사이를 떼는 것이에요.
예) 하마처럼 입을 (벌리다 / 벌이다).
　　경찰이 조사를 (벌리다 / 벌이다).
　　　　　　　　　　→ 사이를 떼는 것이 아니에요.

꼼꼼확인

월   일   요일

1 문장을 소리 내어 읽고 맞춤법에 맞게 따라 쓰세요.

(1) 졸려서 입을 크게 벌려요.

(2) 친구와 팔씨름을 벼여요.

2 맞춤법에 맞는 낱말을 찾아 줄로 잇고 빈칸에 바르게 쓰세요.

(1) 책상에 물건을 _____ 놓아 혼났어요.
   - 벌려
   - 벌여

(2) 밤송이를 _____ 밤을 꺼내요.
   - 벌려서
   - 벌여서

(3) 알뜰 시장을 _____ 사람들이 모였어요.
   - 벌리자
   - 벌이자

3 뜻풀이에 맞는 낱말에 O표 하고, 그 낱말을 넣어 문장을 쓰세요.

뜻	여러 가지 물건을 늘어놓다.
	벌리다 벌이다

→

44 봉오리 와 봉우리

⭐ 빈칸에 들어갈 낱말은 무엇일까요? 미로를 통과해 보세요.

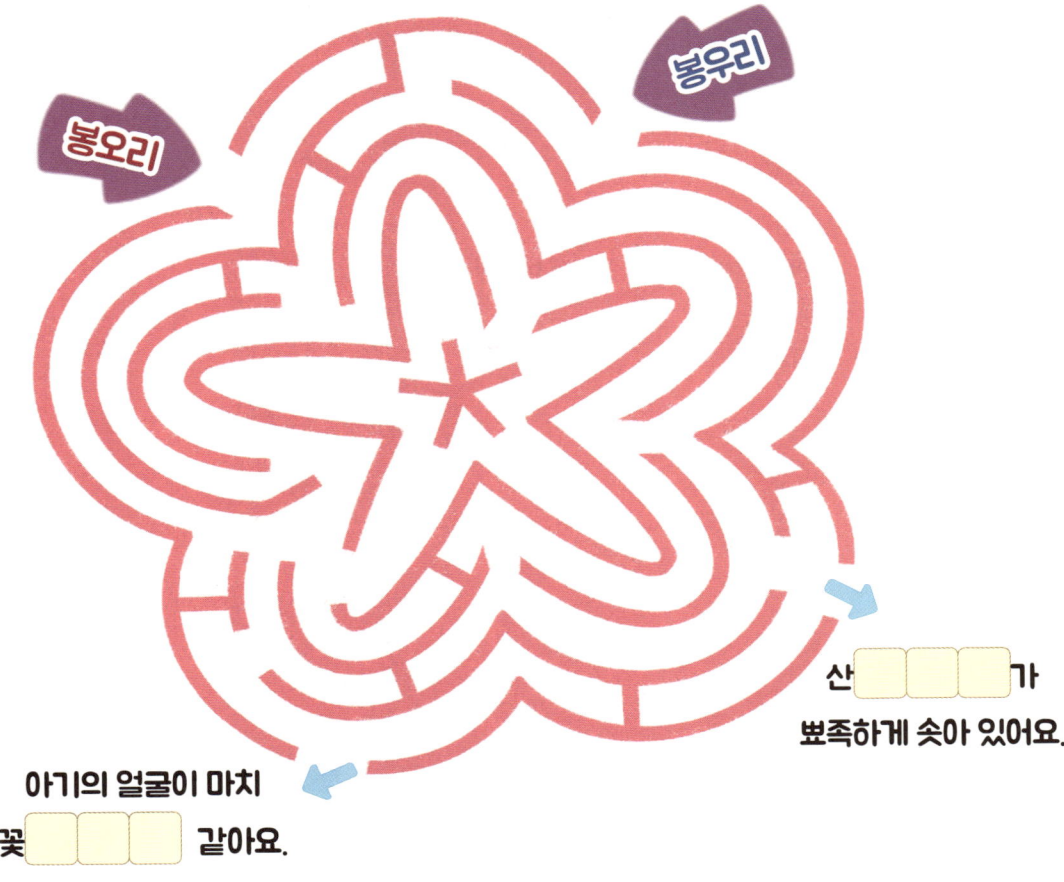

아기의 얼굴이 마치 꽃 ☐☐☐ 같아요.

산 ☐☐☐ 가 뾰족하게 솟아 있어요.

'봉오리'는 아직 피지 않은 꽃을 일컫는 낱말로 '꽃봉오리'와 같은 뜻이에요. '봉우리'는 산에서 가장 높이 솟은 부분을 가리켜요. '산봉우리'와 같은 뜻이죠. 그런데 낱말의 모양이 비슷해서 '꽃봉우리'나 '산봉오리'처럼 잘못 쓰는 경우가 많아요. 각 낱말의 올바른 뜻을 알고 바르게 쓰도록 해요.

예) 꽃봉오리가 피었어요.
산봉우리에 눈이 쌓였어요.

💭 봉오리의 '오'를 꽃 모양이라고 생각해 보세요. 머릿속에 그림을 그려 놓으면 헷갈리지 않아요.

꼼꼼확인

월   일   요일

1 문장을 소리 내어 읽고 맞춤법에 맞게 따라 쓰세요.

(1) 작은 봉오리가 맺혔어요.

(2) 구름이 봉우리를 가렸어요.

2 맞춤법에 맞는 낱말에 O표 하고 빈칸에 바르게 쓰세요.

(1) 가장 높은 봉오리 : 봉우리 에 올랐어요.

➡ 가장 높은 _____ 에 올랐어요.

(2) 개나리에 봉오리 : 봉우리 가 맺혔어요.

➡ 개나리에 _____ 가 맺혔어요.

(3) 빨간 봉오리 : 봉우리 가 탐스러워요.

➡ 빨간 _____ 가 탐스러워요.

3 뜻풀이에 맞는 낱말에 O표 하고, 그 낱말을 넣어 문장을 쓰세요.

뜻	산에서 뾰족하게 높이 솟은 부분
	봉오리 봉우리

➡

45 부수다 와 부시다

★ 빈칸에 들어갈 낱말은 무엇일까요? 선을 따라가 보세요.

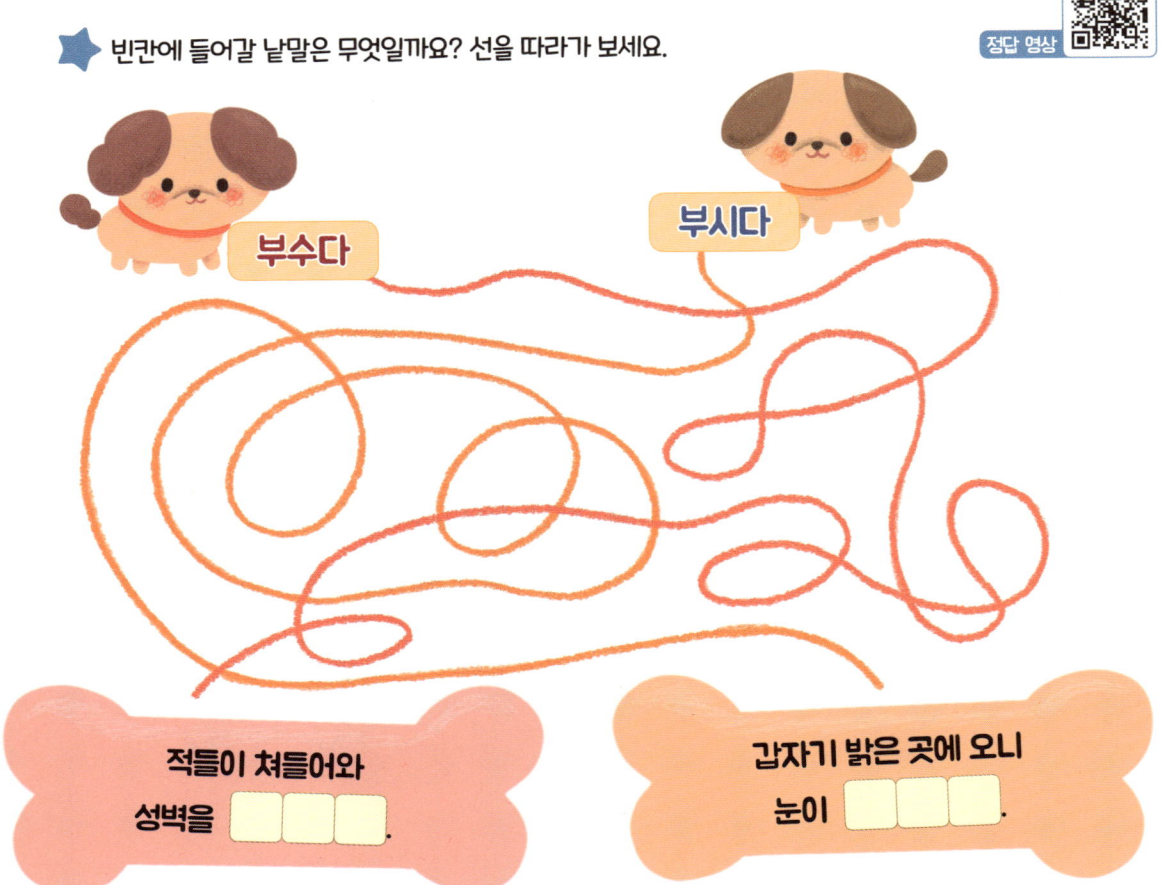

적들이 쳐들어와 성벽을 ☐☐☐.

갑자기 밝은 곳에 오니 눈이 ☐☐☐.

'부수다'는 '단단한 물체를 여러 조각이 나도록 두드려 깨뜨리는 것', '만들어진 물건을 망가뜨려 못 쓰게 만드는 것'을 뜻해요. '부시다'는 '빛이 밝거나 강해 똑바로 보기 어려운 것'을 나타내죠. 그런데 '부수다'의 뜻으로 '부시다'를 잘못 쓰곤 해요. '부수다'는 '부수어(부숴)', '부수니'로, '부시다'는 '부시어(부셔)', '부시니'로 모양을 바꾸는데 낱말이 바뀌는 모양도 잘 기억해 두었다가 바르게 쓰도록 해요.

예) 바위를 기계로 부숴요.
햇살에 눈이 부셔요.

'부시다'는 빛이 강해 똑바로 보지 못하는 것으로, '눈이'라는 말과 함께 어울려 쓰여요. 따라서 '눈이'를 넣어서 어울리면 '부시다'를, 그렇지 않으면 '부수다'를 쓰면 돼요.

예) 동생이 장난감을 (부셨어요 / 부쉈어요).
눈이 (부순지 / 부신지) 눈살을 찌푸려요.

꼼꼼확인

1 문장을 소리 내어 읽고 맞춤법에 맞게 따라 쓰세요.

(1) 약을 잘게 부숴서 먹어요.

(2) 눈이 부셔서 커튼을 쳐요.

2 맞춤법에 맞는 낱말을 찾아 줄로 잇고 빈칸에 바르게 쓰세요.

(1) 제가 ____ 게 아니라 저절로 부서졌어요.   · 부순
　　　　　　　　　　　　　　　　　　　　　　· 부신

(2) 건물을 ____ 새로 지어요.   · 부수고
　　　　　　　　　　　　　　　　· 부시고

(3) 눈이 ____ 손전등 좀 꺼 줘.   · 부수니까
　　　　　　　　　　　　　　　　　· 부시니까

3 뜻풀이에 맞는 낱말에 O표 하고, 그 낱말을 넣어 문장을 쓰세요.

뜻	만들어진 물건을 두드리거나 깨뜨려서 망가뜨리다.
	부수다　부시다　뿌수다　뿌시다

➡

46 썩이다 와 썩히다

빈칸에 들어갈 낱말은 무엇일까요? 같은 낱말을 모두 따라가 보세요.

정답 영상

'썩이다'는 '걱정을 끼쳐 마음을 몹시 상하게 하는 것'을 뜻하는 낱말이고, '썩히다'는 '음식이나 자연물 등이 상하는 것' 또는 '물건이나 재주 등을 제대로 쓰지 못하고 내버려 두는 것'을 뜻하는 낱말이에요. 모양이 비슷해 구별하기 어렵지만 바른 발음을 알면 헷갈리지 않아요. 썩이다는 [써기다], 썩히다는 [써키다]로 소리 나니까 소리 내어 읽으며 낱말의 모양과 뜻을 함께 기억해 보세요.

예) 말썽을 부려 부모님 속을 썩였어요.
깜빡 잊고 과일을 썩혔어요.

꼼꼼확인

월   일   요일

1 문장을 소리 내어 읽고 맞춤법에 맞게 따라 쓰세요.

(1) 엄마 속 좀 그만 썩여라.

(2) 아깝게 음식을 썩혔어요.

2 맞춤법에 맞는 낱말을 찾아 줄로 잇고 빈칸에 바르게 쓰세요.

(1) 음식물 쓰레기를 _____ 거름을 만들어요.
　　　　　　　　　　　　　　　　• 썩여
　　　　　　　　　　　　　　　　• 썩혀

(2) 현우는 사고뭉치라 선생님 속을 _____.
　　　　　　　　　　　　　　　　• 썩여요
　　　　　　　　　　　　　　　　• 썩혀요

(3) 글쓰기 실력을 _____ 말고 펼치세요.
　　　　　　　　　　　　　　　　• 썩이지
　　　　　　　　　　　　　　　　• 썩히지

3 뜻풀이에 맞는 낱말에 O표 하고, 그 낱말을 넣어 문장을 쓰세요.

뜻	걱정이나 근심 등으로 마음을 상하게 만들다.
	썩히다　썪히다　썩이다　썪이다

➡ _____

47 웃- 과 윗-

★ 빈칸에 들어갈 낱말은 무엇일까요? 사다리를 따라가 보세요.

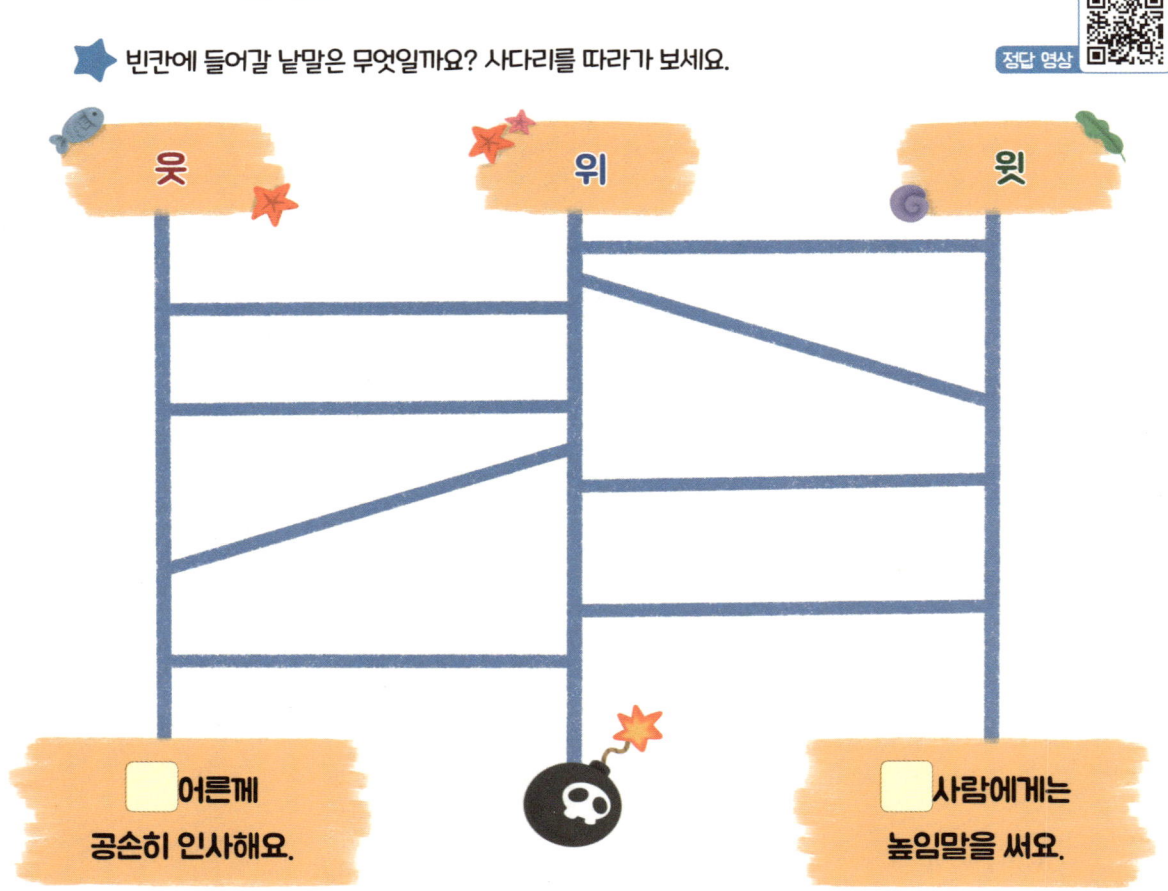

'웃-'과 '윗-'은 모두 다른 낱말의 앞에 붙어서 '위'라는 뜻을 더해 줘요. 하지만 쓰임새가 달라 알맞게 구별해서 써야 해요. '웃-'은 '웃어른'처럼 위아래가 반대되는 말이 없는 낱말에 붙고, '윗-'은 '윗도리'처럼 위아래가 반대되는 말이 있는 낱말에 붙어요. '웃-'과 '윗-'의 정확한 쓰임새를 알고 바르게 쓸 수 있도록 해요.

예) 웃통을 벗고 물장난을 쳐요.
　　윗물이 맑아야 아랫물이 맑다.

'웃-'과 '윗-'이 헷갈릴 때는 낱말에 '아래'를 붙여 보세요. 보통 '아래'를 붙여서 자연스러운 것에는 '윗-'을, 그렇지 않은 것에는 '웃-'을 붙이면 돼요.

　　　　　　　　　'아래어른'은 어색해요.
예) (웃어른 / 윗어른)을 공경해요.
　　(웃도리 / 윗도리)가 땀에 젖었어요.
　　　　　　　　　'아랫도리'는 자연스러워요.

꼼꼼확인

1 문장을 소리 내어 읽고 맞춤법에 맞게 따라 쓰세요.

(1) 추 우 니 까   웃 옷 을   걸 치 세 요 .

(2) 윗 니   두   개 가   빠 졌 어 요 .

2 맞춤법에 맞는 낱말에 O표 하고 빈칸에 바르게 쓰세요.

(1) 웃몸 ┆ 윗몸 을 뒤로 젖혀 몸을 풀어요.

→ _____ 을 뒤로 젖혀 몸을 풀어요.

(2) 어린아이들이 윗통 ┆ 웃통 을 벗고 뛰어놀아요.

→ 어린아이들이 _____ 을 벗고 뛰어놀아요.

(3) 바로 윗마을 ┆ 웃마을 에 할머니가 사세요.

→ 바로 _____ 에 할머니가 사세요.

3 맞춤법에 맞는 낱말에 O표 하고, 그 낱말을 넣어 문장을 쓰세요.

웃집   윗집

→ _____

48 잃어버리다 와 잊어버리다

★ 빈칸에 들어갈 낱말은 무엇일까요? 같은 낱말을 모두 따라가 보세요.

'잃어버리다'는 '가지고 있던 물건이 자신도 모르게 없어지는 것'을 뜻해요. 물건뿐 아니라 가지고 있던 마음이 사라질 때도 '잃어버리다'를 써요. 한편 '잊어버리다'는 '한번 알았던 것이나 기억해야 할 것을 전혀 생각해 내지 못하는 것'을 뜻하죠. 모양이 닮았고, 뜻도 비슷해 보여 틀리기 쉬우니 정확한 뜻을 알고 알맞게 사용해야 해요.

예 지갑을 잃어버렸어요.
노래 가사를 잊어버렸어요.

'물건이나 마음'과 관련 있다면 '잃어버리다'를 쓰고,
'기억 또는 생각'과 관련 있다면 '잊어버리다'를 쓰면 돼요.
······▶ 물건
예 아끼던 장갑을 (잃어버리다 / 잊어버리다).
친구 생일을 (잃어버리다 / 잊어버리다).
······▶ 기억

꼼꼼확인

1 문장을 소리 내어 읽고 맞춤법에 맞게 따라 쓰세요.

(1) 그만 우산을 잃어버렸어요.

(2) 깜빡 약속을 잊어버렸어요.

2 맞춤법에 맞는 낱말을 찾아 줄로 잇고 빈칸에 바르게 쓰세요.

(1) _____ 물건을 찾아가세요.
　　　　　　　　　　　　　　　　・ 잃어버린
　　　　　　　　　　　　　　　　・ 잊어버린

(2) 비밀번호를 _____ 당황했어요.
　　　　　　　　　　　　　　　　・ 잃어버려
　　　　　　　　　　　　　　　　・ 잊어버려

(3) 자꾸만 해야 할 일을 _____.
　　　　　　　　　　　　　　　　・ 잃어버려요
　　　　　　　　　　　　　　　　・ 잊어버려요

3 뜻풀이에 맞는 낱말에 O표 하고, 그 낱말을 넣어 문장을 쓰세요.

뜻	갖고 있던 물건이나 마음이 사라져 없어지다.
	잃어버리다　잃어벌이다　잊어버리다　잊어벌이다

➡

49 -장이 와 -쟁이

⭐ 빈칸에 들어갈 낱말은 무엇일까요? 선을 따라가 보세요.

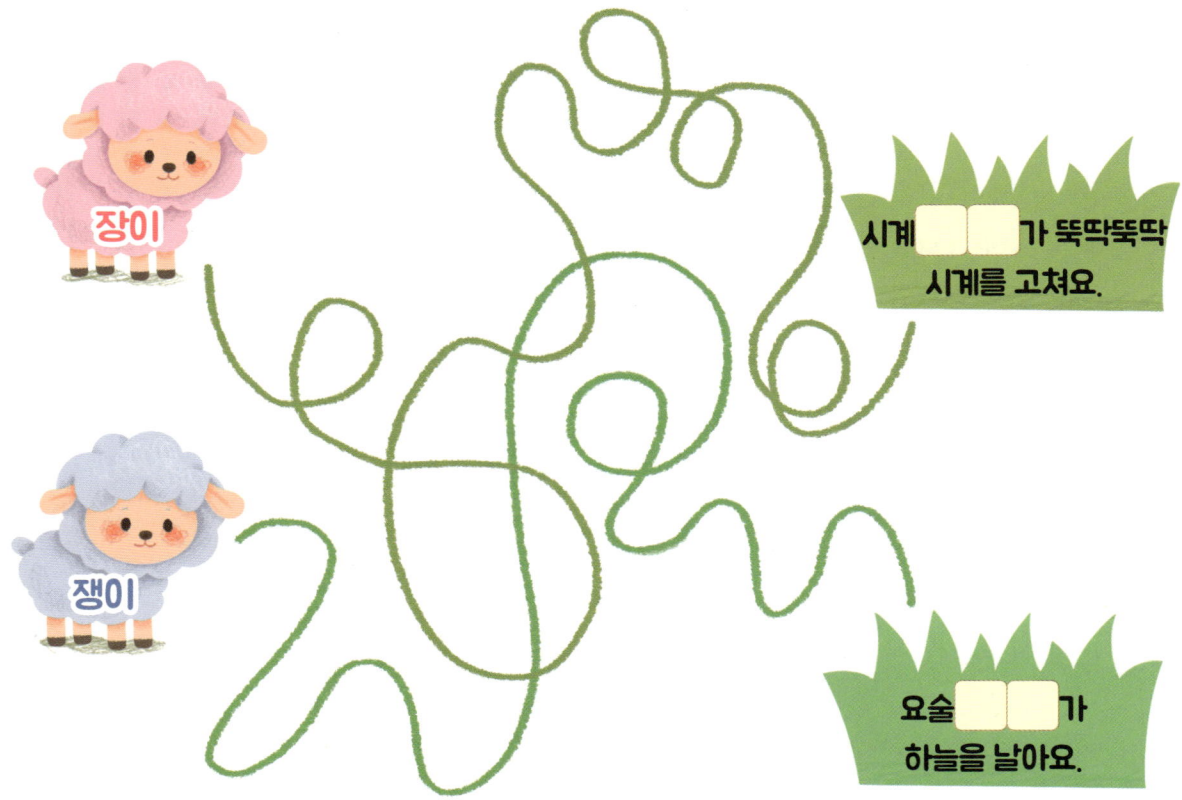

'-장이'는 일부 낱말 뒤에 붙어 '그것을 다루는 기술이 있는 사람'이라는 뜻을 더해 줘요. 한편, '-쟁이'는 일부 낱말 뒤에 붙어 '그러한 성질이 많은 사람'이라는 뜻을 더해 주지요. '-장이'와 '-쟁이' 모두 사람의 특성을 나타내 주지만 쓰임새가 다르므로 알맞게 구별해서 써야 해요.

예) 대장장이가 망치질을 해요.
내 동생은 방귀쟁이예요.

'-장이'는 특히 손으로 하는 전문적인 기술을 가진 사람을 가리켜요. 따라서 기술자를 나타내는 낱말에는 '-장이'를, 그렇지 않은 낱말에는 '-쟁이'를 붙이면 돼요.

↳ 옹기를 빚는 기술을 가진 사람
예) (옹기장이 / 옹기쟁이)가 그릇을 빚어요.
우리 아빠는 (멋장이 / 멋쟁이)예요.
↳ 기술이 아닌 행동이나 모습

꼼꼼확인

월   일   요일

1 문장을 소리 내어 읽고 맞춤법에 맞게 따라 쓰세요.

(1) | 양 | 복 | 장 | 이 | 가 | | 옷 | 을 | | 만 | 들 | 어 | 요 | . |

(2) | 놀 | 부 | 는 | | | 욕 | 심 | 쟁 | 이 | 여 | 요 | . |

2 맞춤법에 맞는 낱말에 O표 하고 빈칸에 바르게 쓰세요.

(1) [미장이 : 미쟁이] 가 벽에 시멘트를 발라요.

➡ [   ] 가 벽에 시멘트를 발라요.

(2) [겁장이 : 겁쟁이] 라서 무서운 영화는 못 봐요.

➡ [   ] 라서 무서운 영화는 못 봐요.

(3) [수다장이 : 수다쟁이] 친구 덕에 늘 재미있어요.

➡ [   ] 친구 덕에 늘 재미있어요.

3 맞춤법에 맞는 낱말에 O표 하고, 그 낱말을 넣어 문장을 쓰세요.

[개구장이] [개구쟁이]

➡ [   ]

50 채 와 체 와 째

'채', '체', '째'는 모양이 닮아서 헷갈리기 쉽지만 쓰임새가 모두 달라요. '채'는 '이미 있는 상태 그대로'라는 뜻을 나타내요. '체'는 '그럴 듯하게 꾸미는 거짓 태도나 모양'이라는 뜻을 나타내죠. '째'는 일부 낱말 뒤에 붙어 '그대로', 또는 '모두'라는 뜻을 더해 줘요. 모양도 소리도 비슷하지만 각 낱말들의 정확한 뜻을 알고 바르게 쓰도록 해요.

예) 의자에 앉은 채 잠이 들다.
알면서 모르는 체하다.
그릇째 들고 먹다.

'어떤 상태 그대로'라는 뜻을 나타낼 때는 '채'를, '척'과 바꾸어 쓸 수 있으면 '체'를, 낱말 바로 뒤에 붙어 '전부'의 뜻을 나타내면 '째'를 쓰면 돼요.

예) 고개를 숙인 (채／체／째) 걷다.
얌전한 (채／체／째)하다.
껍질(채／체／째) 먹다.

꼼꼼확인

1 문장을 소리 내어 읽고 맞춤법에 맞게 따라 쓰세요.

(1) 눈을 뜬 채 자고 있어요.

(2) 모르면서 아는 체를 해요.

(3) 나무가 뿌리째 뽑혔어요.

2 맞춤법에 맞는 낱말에 O표 하고 빈칸에 바르게 쓰세요.

(1) 과자를 봉지 [채 : 체 : 째] 들고 먹어요.

➡ 과자를 봉지 ___ 들고 먹어요.

(2) 창문을 열어 둔 [채 : 체 : 째] 로 나왔어요.

➡ 창문을 열어 둔 ___ 로 나왔어요.

(3) 못 이기는 [채 : 체 : 째] 동생의 부탁을 들어줘요.

➡ 못 이기는 ___ 동생의 부탁을 들어줘요.

3 뜻풀이에 맞는 낱말에 O표 하고, 그 낱말을 넣어 문장을 쓰세요.

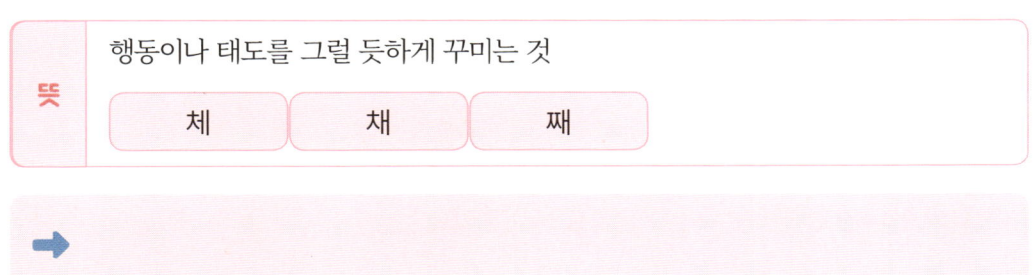

➡

쏙쏙문제

1 밑줄 친 낱말이 바르게 쓰인 것에는 O표, 틀린 것에는 X표 하세요.

(1) 화살표가 <u>가르치는</u> 곳으로 가세요. ☐

(2) 하늘을 <u>날</u> 것처럼 기분이 좋아요. ☐

(3) 도둑이 금고를 <u>부수고</u> 달아났어요. ☐

(4) 자, 수수께끼의 정답을 <u>맞혀</u> 봐. ☐

(5) 우정 반지를 <u>잊어버리고</u> 말았어. ☐

2 빈칸에 들어갈 알맞은 낱말을 <보기>에서 골라 쓰세요.

| 보기 | 벌리세요 벌이세요 껍질 껍데기 웃옷 윗옷 들러요 들려요 |

(1) '아' 하고 입을 크게 _____ .

(2) 병아리가 달걀 _____ 를 깨고 나왔어요.

(3) 바람이 많이 부니 _____ 을 걸치고 나가렴.

(4) 집에 가다 친구와 떡볶이집에 _____ .

3 맞춤법에 맞는 낱말을 찾아 O표 하세요.

(1) 상처가 다 [낳아서 : 나아서] 반창고를 뗐어요.

(2) 나와 언니는 얼굴이 전혀 [달라요 : 틀려요].

(3) 봄이 되자 꽃들이 하나둘 [봉오리 | 봉우리]를 터뜨려요.

(4) 거짓말 [쟁이 | 장이]의 말은 아무도 믿지 않아요.

(5) 글 [로서 | 로써] 머릿속에 있는 생각을 표현해요.

4 밑줄 친 낱말을 맞춤법에 맞게 고쳐 쓰세요.

(1) 짧아진 가방끈을 <u>늘려</u> 매었어요. →

(2) 국물이 매웠지만 안 매운 <u>채</u>했어요. →

(3) <u>웃니</u> 하나가 흔들리더니 빠져 버렸어요. →

5 빈칸에 들어갈 낱말을 찾아 알맞게 이으세요.

(1) 언니가 _____ 옷을 내가 물려 입어요.
 • 입던
 • 입든

(2) 개와 고양이는 성격이 매우 _____.
 • 달라요
 • 틀려요

(3) 컴퓨터가 자꾸 고장 나서 속을 _____.
 • 썩여요
 • 썩혀요

(4) 결승에서 우리 팀이 이기길 _____.
 • 바랐어요
 • 바랬어요

쏙쏙문제

6 친구들의 대화에서 맞춤법이 틀린 부분을 찾고 바르게 고쳐 쓰세요.

> 희준: 휴, 어제 지갑을 ㉠<u>통째</u>로 분실했어.
> 민지: 저런, 집에 오다 ㉡<u>들린</u> 곳에 다 가 봤어?
> 희준: 응, 다 가 봤는데 아무 데도 없었어.
> 민지: 나도 지갑을 ㉢<u>잃어버린</u> 적이 있는데 정말 속상했어. 꼭 찾길 바라.

(1) 맞춤법이 틀린 부분	(2) 바르게 고쳐 쓰기

7 그림을 보고 <보기>에서 알맞은 낱말을 찾아 쓰세요.

보기	로써 로서 부셔요 부숴요 가리켜 가르쳐

(1) 우주인으 _____ 우주를 탐험하고 싶어요.

(2) 자동차 불빛이 너무 밝아서 눈이 _____ .

(3) 아빠가 수영을 　　　　 주셨어요.

8 뜻풀이에 맞는 낱말을 찾아 √표 하고 바르게 옮겨 쓰세요.

(1) 떨어져 있는 여러 부분을 제자리에 대어 붙이다.

　□ 맞히다　　□ 맞추다

(2) 배 속의 아이, 새끼, 알을 몸 밖으로 내놓다.

　□ 낳다　　□ 낫다

(3) 볕이나 습기를 받아 색이 변하다.

　□ 바래다　　□ 바라다

아차차! 맞춤법

케이크 도둑을 찾아라!

옳은 표현을 알아봐요!

눈살 두 눈썹 사이에 있는 주름은 '눈살'이라고 해요. '눈쌀'은 '눈살'의 잘못된 표기예요. 발음은 [눈쌀]이지만 쓸 때는 원래 모양을 살려 써야 해요. '눈 사이에 있는 살'로 기억하면 쉬워요.

눈곱 '눈곱'을 '눈꼽'으로 잘못 쓰는 경우가 많아요. '눈곱'을 읽어 보면 [눈꼽]으로 소리 나지만 쓸 때는 원래 모양을 살려 써야 해요.

발자국 사람이나 동물이 발로 밟은 자리에 남은 모양을 가리키는 낱말은 '발자국'이에요. '발자욱'은 '발자국'의 잘못된 표기예요.

손사래 어떤 일을 아니라고 하거나 거절할 때 손을 펴서 휘젓는 일을 '손사래'라고 해요. 'ㅐ'와 'ㅔ'의 발음이 같아 '손사레'라고 잘못 쓰는 일이 많아요.

1 소리가 비슷해서 틀리기 쉬운 말

1 같아요 와 같애요
★ 꿈이 이루어진 것만 같아요.
2 (1) 같아요 (2) 같아요 (3) 같아요
3 같아요 (예) 아기 눈동자는 보석 같아요.

2 금세 와 금새
★ 간식을 금세 다 먹었어요.
2 (1) 금세 (2) 금세 (3) 금세
3 금세 (예) 약을 먹고 감기가 금세 낫다.

3 네가 와 너가 와 니가
★ 네가 좋아하는 가수는 누구야?
2 너, 네가
3 네가 (예) 네가 내 짝꿍이어서 기쁘다.

4 며칠 과 몇일
★ 네 생일은 몇 월 며칠이야?
2 (1) 며칠 (2) 며칠 (3) 며칠
3 며칠 (예) 며칠 동안 할머니 댁에 다녀오다.

5 오랜만 과 오랫만
★ 오랜만에 하늘이 맑아요.
2 (1) 오랜만 (2) 오랜만 (3) 오랜만
3 오랜만 (예) 오랜만에 운동을 하니 상쾌하다.

6 -이에요 와 -이예요 / -이었다 와 -이였다
★ 오늘 간식은 비스킷이에요.
   어제는 수박이었어요.
2 이었어요, 예요, 이에요
3 이에요 (예) 내일은 월요일이에요.

7 잠그다 와 잠구다
★ 문을 잠그고 외출해요.
2 (1) 잠근 (2) 잠가야 (3) 잠갔는지
3 잠가요 (예) 물을 쓴 뒤 수도를 잠가요.

8 찌개 와 찌게
★ 보글보글 김치찌개가 끓고 있어요.
2 (1) 찌개 (2) 찌개 (3) 찌개
3 찌개 (예) 찌개가 매콤해서 맛있다.

9 -ㄹ게요 와 -ㄹ께요
★ 설거지는 제가 할게요.
2 (1) 들를게 (2) 돌볼게요 (3) 일어날게요
3 닦을게요 (예) 창문이 더러우니 닦을게요.

10 -이 와 -히
★ 손을 깨끗이 닦아요. /
   솔직히 말해 줘서 고마워.
2 (1) 깨끗이 (2) 반듯이 (3) 꼼꼼히
3 곰곰이 (예) 말뜻을 곰곰이 생각해 보다.

11 -려고 와 -ㄹ려고
★ 저금을 하려고 해요.
2 (1) 사려고 (2) 부치려고 (3) 만나려고
3 주려고 (예) 꽃에 물을 주려고 하다.

쏙쏙문제	32쪽

1 (1) O (2) O (3) X (4) X (5) O
2 (1) 나란히 (2) 같아요 (3) 오랜만에
  (4) 된장찌개
3 (1) 먹으려고 (2) 이었어요 (3) 전화할게
  (4) 네가 (5) 겹겹이
4 (1) 며칠 (2) 같았어요 (3) 동생이에요
5 (1) 찌개 (2) 금세 (3) 잠그고
  (4) 오랜만이야
6 (1) 불려고 (2) 보려고
7 (1) 며칠 (2) 였어요 (3) 않을게요
8 (1) 찌개 (2) 오랜만 (3) 잠그다

2 모음에 주의해서 써야 하는 말

12 되 와 돼

★ 교통신호를 잘 지켜야 돼요.
2 (1) 됐다 (2) 되라고 (3) 됩니다
3 되려고 (예) 장래에 수의사가 되려고 하다.

13 띠다 와 띄다

★ 네 연은 푸른색을 띠고 있네? /
  네 연도 눈에 띄고 참 예쁘다.
2 띄었다, 띈, 띄고
3 띠다 (예) 노을이 붉은빛을 띠다.

14 매다 와 메다

★ 신발 끈을 단단히 매고 뛰어요. /
  책가방을 메고 학교에 가요.
2 (1) 맨 (2) 메고 (3) 매어요
3 매다 (예) 풀리지 않게 신발 끈을 꼭 매다.

15 배다 와 베다

★ 옷에 김치 국물이 배다. /
  길게 자란 잡초를 베다.
2 (1) 밴 (2) 베어 (3) 베고
3 배다 (예) 일찍 일어나는 습관이 몸에 배다.

16 왠 과 웬

★ 왠지 잘 잡힐 것 같은 기분이 들어. /
  오늘은 웬일로 물고기가 많네.
2 (1) 웬 (2) 왠지 (3) 웬일로
3 왠지 (예) 왠지 좋은 일이 생길 것 같아요.

쏙쏙문제	50쪽

1 (1) X (2) O (3) X (4) O (5) O
2 (1) 왠지 (2) 띄어요 (3) 됐네 (4) 매야
3 (1) 밴 (2) 되려고 (3) 띄네요 (4) 멘 (5) 웬
4 (1) 띠고 (2) 배어 (3) 돼야
5 (1) 메니 (2) 배도록 (3) 웬일인지 (4) 띄게
6 (1) 걱정되서 (2) 걱정돼서
7 (1) 베지 (2) 메었더니 (3) 됩니다
8 (1) 띄다 (2) 왠지 (3) 배다

3 받침에 주의해서 써야 하는 말

17 너머 와 넘어

★ 창문 너머로 피아노 소리가 들린다. /
  염소가 낮은 돌담을 넘어 다닌다.
2 (1) 너머 (2) 넘어요 (3) 너머로
3 너머 (예) 담장 너머에는 꽃밭이 있다.

 도움 답안

18 다치다 와 닫히다
★ 축구를 하다 다리를 다치다. /
엘리베이터 문이 닫히다.
2 (1) 닫혀서 (2) 다치지 (3) 닫혔어요
3 닫히다 (예) 저녁이 되어 학교 문이 닫히다.

19 드러내다 와 들어내다
★ 강아지가 배를 드러내다. /
창고의 잡동사니를 들어내다.
2 (1) 드러냈다 (2) 들어내고 (3) 드러내요
3 드러내다 (예) 하얀 이를 활짝 드러내다.

20 맡다 와 맞다
★ 달콤한 냄새를 맡다. /
일기예보가 정확히 맞다.
2 (1) 맡고 (2) 맞아 (3) 맡으니
3 맞다 (예) 이 문제의 답은 3번이 맞다.

21 무난하다 와 문안하다
★ 옷차림이 무난하다. /
친척 어른들께 문안하다.
2 (1) 문안 (2) 무난해서 (3) 무난하게
3 무난하다 (예) 한복의 색깔이 무난하다.

22 무치다 와 묻히다
★ 새콤하게 나물을 무치다. /
보물이 땅속에 묻히다.
2 무치고, 묻혔다, 묻힌
3 묻히다 (예) 장독이 뒷마당에 묻히다.

23 바치다 와 받치다
★ 사랑하는 엄마께 꽃을 바치다. /
음식을 흘리지 않게 접시를 받치다.
2 (1) 바쳐 (2) 받치고 (3) 바쳐서
3 바치다 (예) 부모님께 감사의 노래를 바치다.

24 반드시 와 반듯이
★ 오늘 안에 반드시 숙제를 끝내야 해요. /
허리를 반듯이 펴고 앉아요.
2 (1) 반듯이 (2) 반드시 (3) 반드시
3 반듯이 (예) 모자를 반듯이 고쳐 쓰다.

25 부치다 와 붙이다
★ 외국 친구에게 엽서를 부치다. /
일기장에 예쁜 스티커를 붙이다.
2 (1) 부쳐 (2) 부치고 (3) 붙인
3 붙이다 (예) 찢어진 종이를 풀로 붙이다.

26 빗다 와 빚다
★ 헝클어진 머리를 빗다. /
옹기장이가 그릇을 빚다.
2 (1) 빗어 (2) 빚은 (3) 빚을까
3 빚다 (예) 밀가루 반죽으로 만두를 빚다.

27 안 과 않
★ 얼룩이 안 지워지다. /
얼룩이 지워지지 않다.
2 (1) 안 (2) 않기로 (3) 않으면
3 않 (예) 옷이 커서 몸에 맞지 않다.

28 앉다 와 않다

★ 다리가 아파 의자에 앉다. /
감기가 잘 낫지 않다.

2 (1) 않을 (2) 않아 (3) 앉아서
3 앉다 (예) 교실 맨 앞자리에 앉다.

29 어떻게 와 어떡해

★ 구름은 어떻게 만들어질까? /
바다가 점점 오염되고 있대. 어떡해!

2 (1) 어떻게 (2) 어떡해 (3) 어떻게
3 어떻게 (예) 호수는 어떻게 만들어지나요?

30 있다가 와 이따가

★ 집에 있다가 방금 나왔어요. /
이따가 집에 같이 가자.

2 (1) 있다가 (2) 이따가 (3) 이따가
3 이따가 (예) 이따가 친구랑 놀 거예요.

31 조리다 와 졸이다

★ 고기를 간장에 조리다. /
다칠까 봐 마음을 졸이다.

2 조리고, 졸였어요, 졸이셨지만
3 조리다 (예) 달걀을 간장에 조리다.

쏙쏙문제   88쪽

1 (1) X (2) O (3) X (4) O (5) X
2 (1) 맡고 (2) 받치고 (3) 부쳐 (4) 너머
3 (1) 안 (2) 이따가 (3) 않은지 (4) 무난하게
  (5) 닫힌
4 (1) 바칩니다 (2) 병문안 (3) 붙이면
5 (1) 안 (2) 넘어 (3) 어떡해 (4) 드러냈어요

6 (1) 조렸어 (2) 졸였어
7 (1) 빚었어요 (2) 무쳐요 (3) 반드시
8 (1) 조리다 (2) 있다가 (3) 다치다

32 가르치다 와 가리키다

★ 동생에게 노래를 가르치다. /
손가락으로 지도를 가리키다.

2 (1) 가르쳐 (2) 가리키며 (3) 가르치는
3 가르치다 (예) 아이에게 한글을 가르치다.

33 껍질 과 껍데기

★ 양파 껍질은 몇 번이나 벗겨야 해요. /
굴 껍데기는 매우 단단해요.

2 (1) 껍질 (2) 껍질 (3) 껍데기
3 껍데기 (예) 바닷가에서 소라 껍데기를 줍다.

34 날다 와 나르다

★ 고추잠자리가 하늘을 날다. /
엄마를 도와 음식을 나르다.

2 나는, 날아, 나르고
3 날다 (예) 꿀벌이 꽃밭 위를 날다.

35 낫다 와 낳다

★ 약을 바르고 상처가 낫다. /
거북이가 육지에서 알을 낳다.

2 (1) 낫네 (2) 낳으러 (3) 나았어요
3 낫다 (예) 제기차기 실력은 내가 형보다 낫다.

도움 답안

36 늘이다 와 늘리다
★ 엿장수가 엿가락을 늘이고 있어요. /
방학을 하루 더 늘리고 싶어요.
2 (1) 늘려 (2) 늘인 (3) 늘였다
3 늘리다 (예) 놀이터의 놀이 기구를 늘리다.

37 다르다 와 틀리다
★ 우리 가족은 입맛이 다 다르다. /
노래의 박자를 계속 틀리다.
2 (1) 다른 (2) 틀리게 (3) 다를까
3 다르다 (예) 동전의 크기는 모두 다르다.

38 –던 과 –든
★ 할머니께 들었던 옛날 이야기 /
개든 고양이든 다 좋아해요.
2 (1) 뭐든 (2) 입던 (3) 언제든
3 –든 (예) 노란색이든 빨간색이든 다 좋아요.

39 들르다 와 들리다
★ 잠깐 교무실에 들렀어요. /
밤새 빗소리가 들렸어요.
2 들르는, 들러서, 들렀다가
3 들르다 (예) 자동차를 타고 가다 휴게소에 들르다.

40 –로서 와 –로써
★ 친구로서 고민 상담을 해 줘요. /
대화로써 오해를 풀었어요.
2 (1) 로서 (2) 로써 (3) 로서
3 –로써 (예) 노래로써 마음을 위로하다.

41 맞추다 와 맞히다
★ 부품을 맞춰 장난감을 조립해요. /
정답을 맞혀 상품을 받았어요.
2 (1) 맞춰 (2) 맞춰야 (3) 맞히는
3 맞히다 (예) 수학 문제의 답을 맞히다.

42 바라다 와 바래다
★ 할머니가 건강하시길 바라요. /
시간이 지나면 색이 바래요.
2 바랬지만, 바람, 바라
3 바래다 (예) 햇볕에 청바지의 색이 바래다.

43 벌리다 와 벌이다
★ 양팔을 크게 벌리다. /
주인공들이 대결을 벌이다.
2 (1) 벌여 (2) 벌려서 (3) 벌이자
3 벌이다 (예) 바닥에 장난감을 벌이다.

44 봉오리 와 봉우리
★ 아기의 얼굴이 마치 꽃봉오리 같아요. /
산봉우리가 뾰족하게 솟아 있어요.
2 (1) 봉우리 (2) 봉오리 (3) 봉오리
3 봉우리 (예) 세상에서 가장 높은 봉우리에 오르고 싶다.

45 부수다 와 부시다
★ 적들이 쳐들어와 성벽을 부수다. /
갑자기 밝은 곳에 오니 눈이 부시다.
2 (1) 부순 (2) 부수고 (3) 부시니까
3 부수다 (예) 공을 잘못 던져 창문을 부수다.

46 썩이다 와 썩히다

★ 자주 다쳐서 엄마 속을 썩이다. /
거름을 만들려고 소똥을 썩히다.

2 (1) 썩혀 (2) 썩여요 (3) 썩히지

3 썩이다 (예) 밥을 먹지 않아 부모님 속을 썩이다.

47 웃- 과 윗-

★ 웃어른께 공손히 인사해요. /
윗사람에게는 높임말을 써요.

2 (1) 윗몸 (2) 웃통 (3) 윗마을

3 윗집 (예) 윗집에 이사를 오는지 소란스럽다.

48 잃어버리다 와 잊어버리다

★ 핸드폰을 잃어버리다. /
현관 비밀번호를 잊어버리다.

2 (1) 잃어버린 (2) 잊어버려 (3) 잊어버려요

3 잃어버리다 (예) 길에서 지갑을 잃어버리다.

49 -장이 와 -쟁이

★ 시계장이가 뚝딱뚝딱 시계를 고쳐요. /
요술쟁이가 하늘을 날아요.

2 (1) 미장이 (2) 겁쟁이 (3) 수다쟁이

3 개구쟁이 (예) 개구쟁이 동생이 방을 어지르다.

50 채 와 체 와 째

★ 옷을 입은 채 수영을 해요. /
내 말은 들은 체도 안 해요. /
멸치는 뼈째 먹어요.

2 (1) 째 (2) 채 (3) 체

3 체 (예) 보고도 못 본 체하다.

쏙쏙문제　　　　　　　134쪽

1 (1) X (2) ㄱ (3) O (4) O (5) X
2 (1) 벌리세요 (2) 껍데기 (3) 웃옷 (4) 들러요
3 (1) 나아서 (2) 달라요 (3) 봉오리
　(4) 쟁이 (5) 로써
4 (1) 늘여 (2) 체 (3) 윗니
5 (1) 입던 (2) 달라요 (3) 썩여요 (4) 바랐어요
6 (1) 들린 (2) 들른
7 (1) 로서 (2) 부셔요 (3) 가르쳐
8 (1) 맞추다 (2) 낳다 (3) 바래다

지은이 **신수정**

경희대학교에서 국어국문학을 공부했어요. 강사로서 학생들에게 책 읽기와 글쓰기를 가르치다가 출판사에 들어가 편집자로 활동했어요. 책 만드는 일을 하면서, 학생들을 가르쳤던 경험을 바탕으로 초등학생을 위한 맞춤법과 띄어쓰기 학습서 등을 썼어요. 현재도 많은 친구들이 우리말과 친해지길 바라며 열심히 책을 만들고 있어요.

오! 놀라운
초등맞춤법
특공대

초판 1쇄　2020년 12월 25일
초판 3쇄　2021년　9월　1일

지은이_신수정
기획·편집_권민서, 김효수　　일러스트_조예희, 이창우　　디자인_원더랜드(Wonderland)

발행인_이중우
펴낸곳_도서출판 다다북스
출판등록_제2020-000095호
주소_서울시 강서구 등촌로 191, 3층　www.dadabooks.co.kr　mail@dadabooks.co.kr

ⓒ 신수정, 2020

ISBN　979-11-971562-4-3 73710

▶ 잘못된 책은 구입한 서점에서 바꿔 드립니다.
▶ 이 책에 실린 모든 내용, 디자인, 이미지, 편집 구성의 저작권은 도서출판 다다북스에 있습니다.
　 허락 없이 복제, 배포, 전송할 수 없습니다.

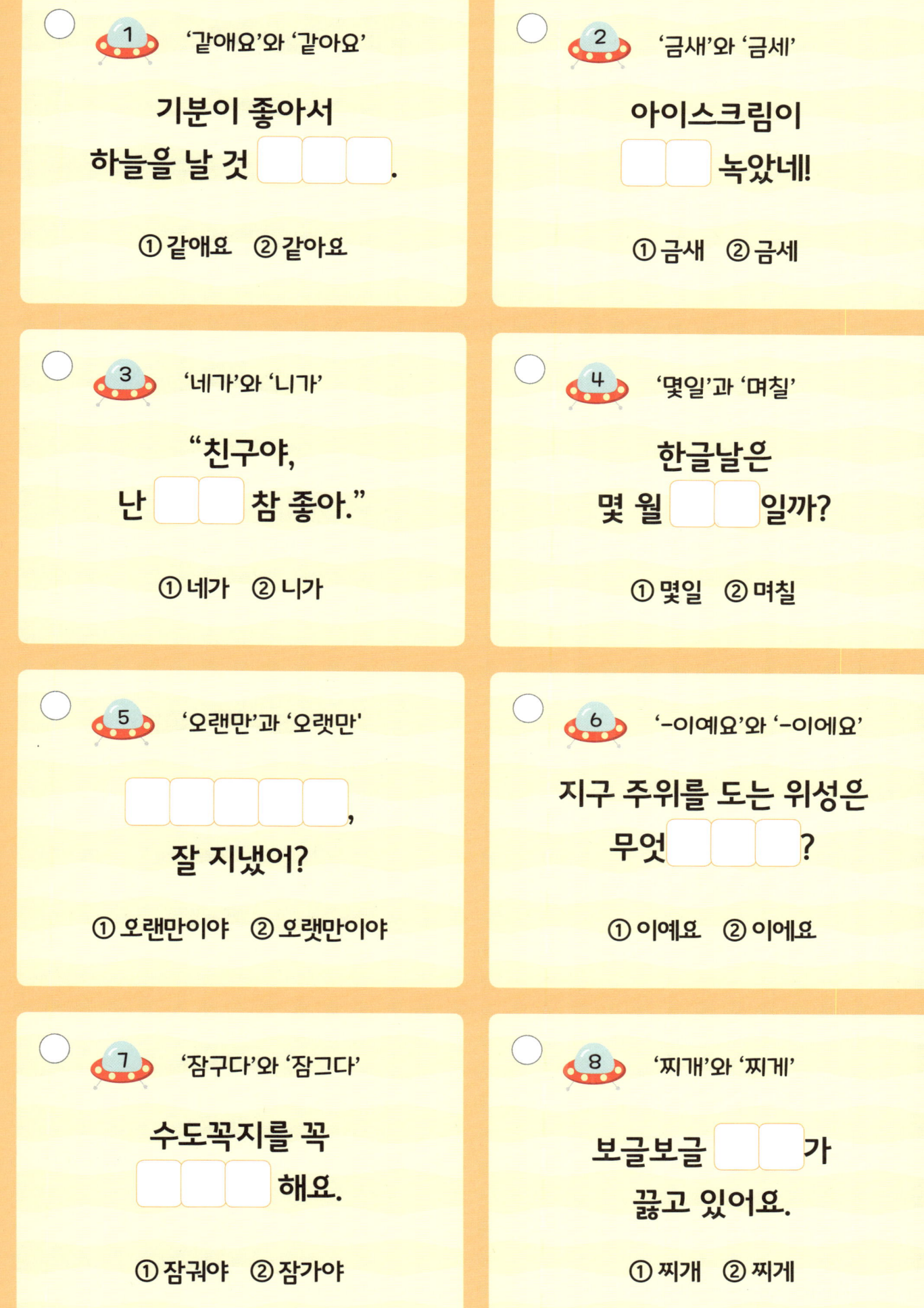

 ## ② 금세

'곧바로'라는 뜻을 나타내는 낱말은 '금세'예요.
'금새'는 '금세'의 잘못된 표기예요.

 ## ② 같아요

올바른 표기는 '같아요'예요. '같애요'나 '같어요'라고
쓰면 틀려요.

 ## ② 며칠

'그 달의 몇째 날'을 뜻하는 낱말은 '며칠'이에요.
'몇일'은 틀린 말이에요.
* 한글날은 10월 9일이에요.

 ## ① 네가

'너' 뒤에 '가'가 오면 '네가'로 모양을 바꿔요.
'니가', '너가' 모두 잘못된 표기예요.

 ## ② 이에요

받침이 있는 낱말 뒤에는 '-이에요'를 쓰고, 받침이 없는
낱말 뒤에는 '-예요'를 써요. '-이여요'는 틀린 말이에요.
* 퀴즈의 정답은 달이에요.

 ## ① 오랜만이야

'어떤 일이 있은 때로부터 긴 시간이 지난 뒤'를 뜻하
는 낱말은 '오랜만'이에요. '오랫만'은 틀린 말이에요.

 ## ① 찌개

'찌개'와 '찌게' 중 맞춤법에 맞는 것은 '찌개'예요.
'찌게'로 잘못 쓰지 않게 주의해요.

 ## ② 잠가야

'잠그다'는 '잠가, 잠그니'로 모양을 바꿔요.
'잠구다, 잠궈, 잠구니'는 틀려요.

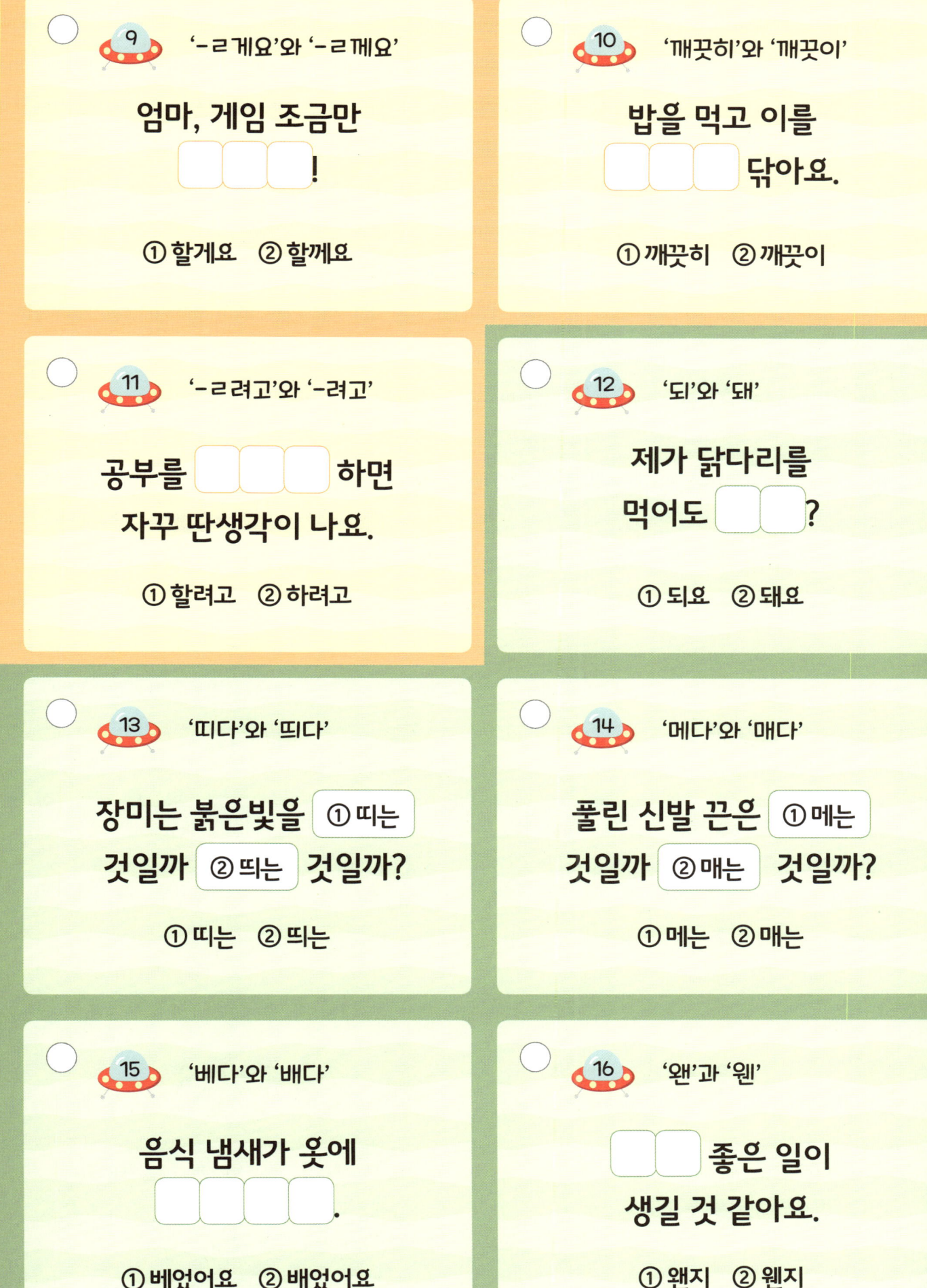

① 할게요

어떤 행동을 할 것을 약속할 때 쓰는 말은 '-ㄹ게요'예요. 발음 그대로 '-ㄹ께요'라고 쓰면 틀려요.

② 깨끗이

보통 앞말에 'ㅅ' 받침이 있거나 같은 말이 반복될 때는 '-이'를 붙이고, '-하다'가 붙을 수 있는 말에는 '-히'를 붙여요.

② 하려고

어떤 행동을 할 의도를 나타내는 뜻을 가지는 낱말은 '-려고'예요. '할려고'라고 말하거나 쓰는 일이 많지만 맞춤법에 맞지 않는 표현이에요.

② 돼요

'돼요'는 '되어요'의 준말이에요. '되어'를 넣어서 말이 되면 '돼'를 쓰고, 말이 안 되면 '되'를 써요.

① 띠는

'빛깔을 지니거나 얼굴에 감정을 나타내다'라는 뜻의 낱말은 '띠다'예요. '띄다'는 '눈에 보이다'라는 뜻을 나타내요.

② 매는

'풀어지지 않도록 끈이나 줄을 묶는 것'을 뜻하는 낱말은 '매다'예요. '메다'는 '물건을 어깨나 등에 올려놓다'라는 뜻을 나타내요.

② 배었어요

'색깔이나 냄새가 스며들거나 스며 나오는 것'을 뜻하는 낱말은 '배다'예요. '베다'는 '날카로운 물건으로 무엇을 끊거나 자르는 것'을 뜻해요.

① 왠지

'왠지'는 '왜인지'의 준말로 '왜 그런지 모르게'라는 뜻이에요. '웬지'는 '왠지'의 잘못된 표기예요.

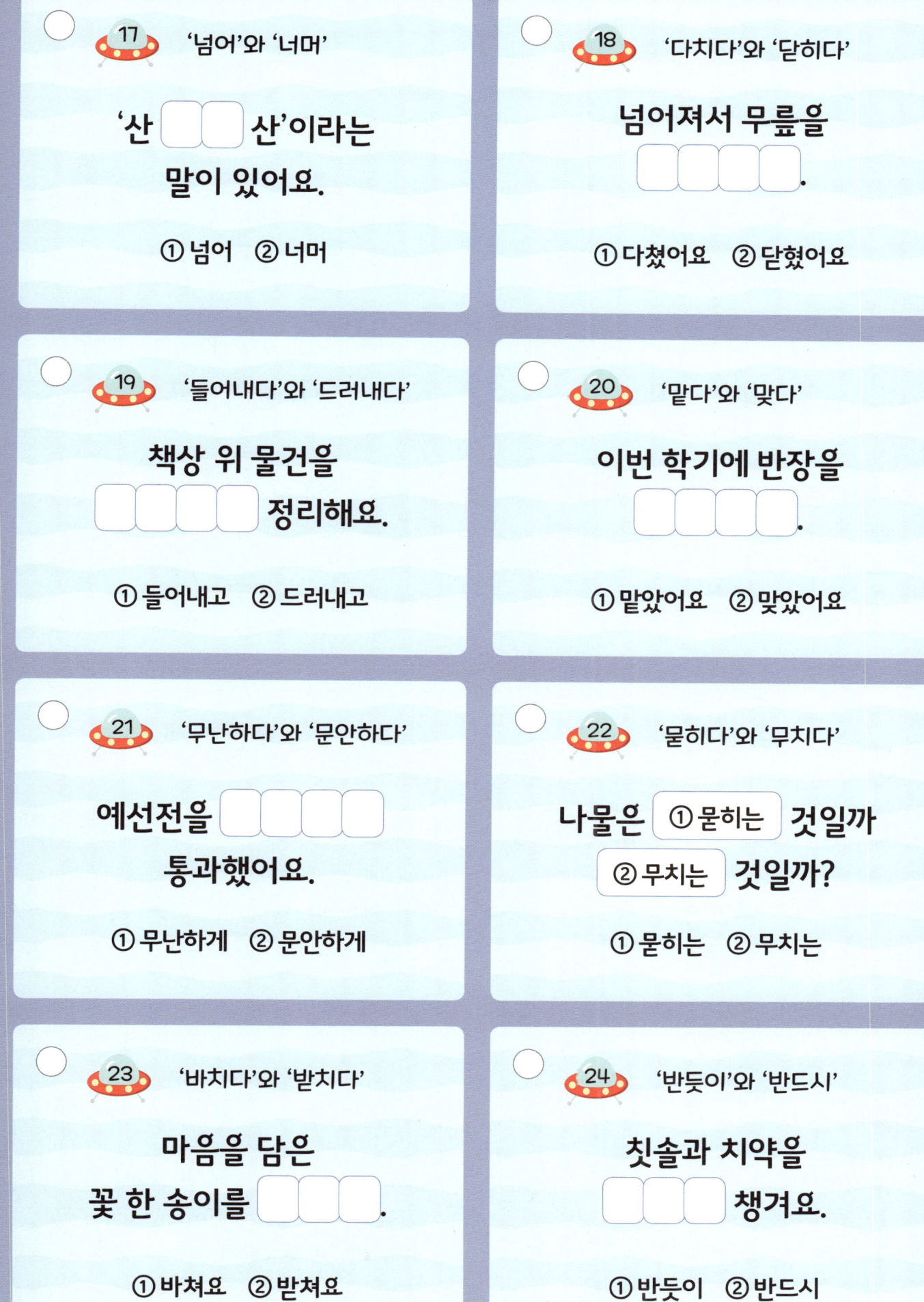

① 다쳤어요

'맞거나 부딪쳐서 상처가 나는 것'을 뜻하는 낱말은 '다치다'예요. '닫히다'는 '열리다'의 반대말이에요.

① 넘어

'넘어'는 '높은 부분의 위를 지나는 동작'을 뜻하고, '너머'는 '높이나 경계로 가로막힌 사물의 저쪽'을 뜻해요.
* 산 넘어 산: 갈수록 어려운 지경에 처하게 된다

① 맡았어요

'책임을 지고 어떤 일을 하다'라는 뜻의 낱말은 '맡다'예요. '맞다'는 '말이나 사실 등이 틀리지 않다'라는 뜻을 나타내요.

① 들어내고

'물건을 들어서 옮긴다'는 뜻의 낱말은 '들어내다'예요. '드러내다'는 '가려져 있던 것을 보이게 하다'라는 뜻을 나타내요.

② 무치는

'나물 등에 양념을 넣고 골고루 버무리다'라는 뜻의 낱말은 '무치다'예요. '묻히다'는 '땅속이나 다른 물건 밑에 놓여 보이지 않게 되다'라는 뜻을 나타내요.

① 무난하게

'크게 어렵지 않다'라는 뜻의 낱말은 '무난하다'예요. '문안하다'는 '웃어른이 잘 지내는지 여쭈다'라는 뜻을 나타내요.

② 반드시

'반드시'는 '틀림없이 꼭'이라는 뜻이고, '반듯이'는 '비뚤지 않고 바르게'라는 뜻이에요.

① 바쳐요

'신이나 윗사람에게 물건을 드리다'라는 뜻의 낱말은 '바치다'예요. '받치다'는 '물건이 쓰러지거나 넘어지지 않게 밑을 괴다'라는 뜻을 나타내요.

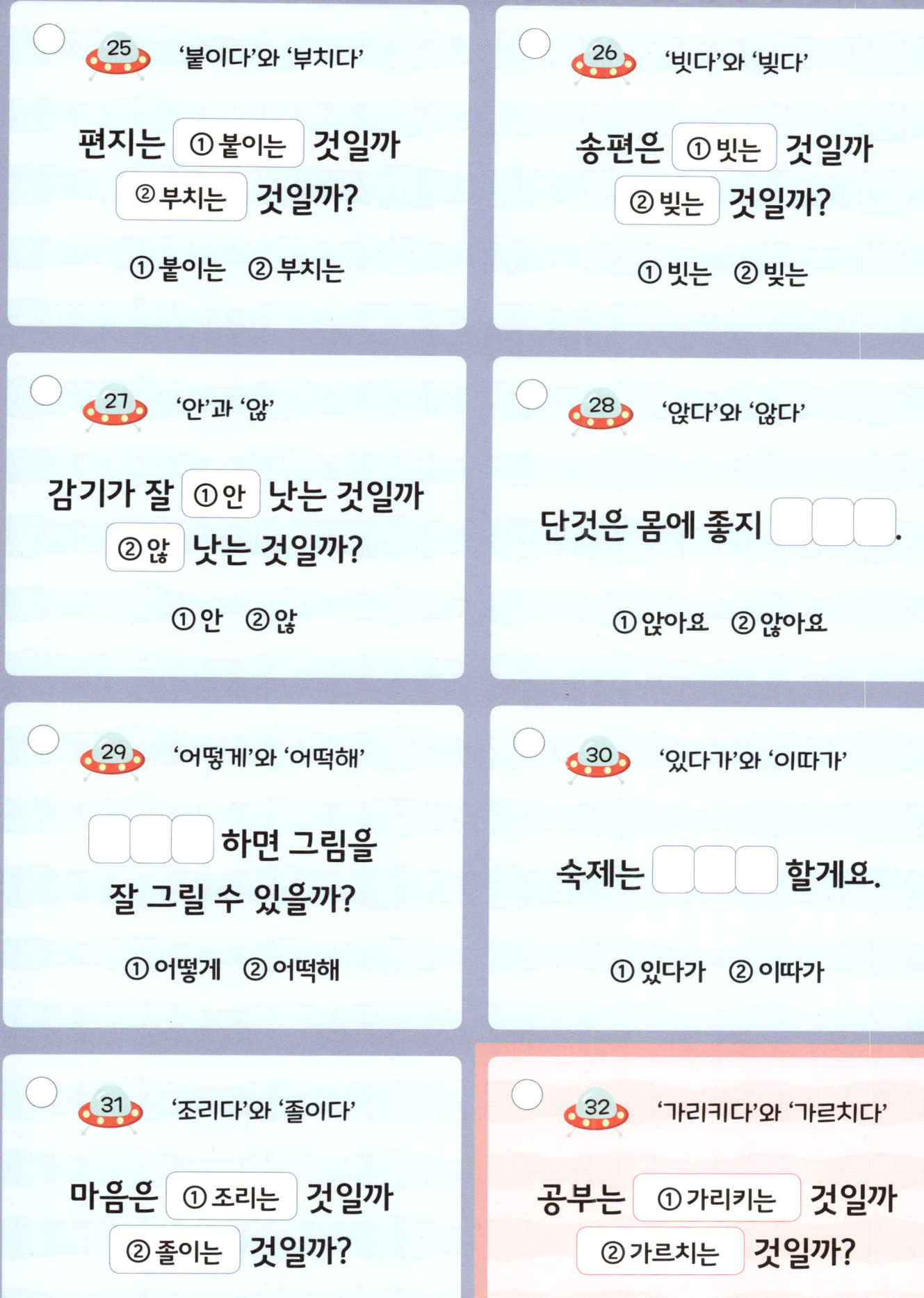

② 빚는

'가루를 반죽해서 먹을거리를 만드는 것'을 뜻하는 낱말은 '빚다'예요. '빗다'는 '빗 등으로 머리털을 가지런히 정리하는 것'을 뜻해요.

② 부치는

'우편물을 보내다', '프라이팬에 반죽을 올려 익히다'라는 뜻의 낱말은 '부치다'예요. '붙이다'는 '어떤 것을 맞대어 떨어지지 않게 하다'라는 뜻을 나타내요.

② 않아요

겹받침 'ㄶ'과 'ㅀ'은 모양이 비슷해 헷갈리기 쉬워요. '앉다'는 '서다'의 반대말이고 '않다'는 앞에 나온 말을 부정하는 뜻을 나타내요.

① 안

'안'은 낱말 앞에 쓰여서 부정의 뜻을 나타내고, '않'은 낱말 뒤에서 '-지 않다'의 형태로 쓰여 부정의 뜻을 나타내요.

② 이따가

'조금 뒤에'라는 뜻을 나타내는 낱말은 '이따가'예요. '있다가'는 '잠시 머물다가' 또는 '어떤 상태를 유지하다가'라는 뜻을 나타내요.

① 어떻게

'어떤 방법으로', '어떤 이유로'라는 뜻을 나타내는 낱말은 '어떻게'이고, '어떡해'는 '어떻게 해'의 준말이에요.

② 가르치는

'남에게 지식이나 기술을 깨닫게 하다'라는 뜻의 낱말은 '가르치다'예요. '가리키다'는 '손가락 등으로 남에게 어떤 것을 꼭 집어 보게 하다'라는 뜻으로 쓰여요.

② 졸이는

조마조마하며 애를 태울 때 쓰는 낱말은 '졸이다'예요. '조리다'는 음식에 간이 배도록 국물이 거의 없게 끓일 때 쓰는 낱말이에요.

 ② 나는

'공중에 떠서 이동하다'라는 뜻의 '날다'는 '날아, 나는, 나니' 등으로 모양을 바꾸어요. '나르다'는 '물건이나 사람을 어떤 장소에서 다른 곳으로 옮기다'라는 뜻을 나타내요.

 ② 껍데기를

'알이나 조개 등의 겉을 싸고 있는 단단한 물질'을 가리키는 낱말은 '껍데기'예요. '껍질'은 '물체의 겉을 싸고 있는 단단하지 않은 물질'을 가리켜요.

 ② 늘여

'길이를 늘어나게 하다'라는 뜻의 낱말은 '늘이다'예요. '늘리다'는 '넓이나 부피를 원래보다 크거나 많게 하다'라는 뜻을 나타내요.

 ① 나아요

'병이나 상처가 회복되다'라는 뜻의 '낫다'는 '나아, 낫는' 등으로 모양을 바꾸어요. '낳다'는 '알이나 새끼를 몸 밖으로 내보내다'라는 뜻을 나타내요.

 ② 입던

낱말 뒤에 붙어 과거에 있었던 일을 나타내는 말은 '-던'이에요. '-든'은 어떤 것을 골라도 차이가 없는 일을 나란히 쓸 때 쓰는 말이에요.

 ① 달라

'어떤 것이 같지 않고 구별되다'라는 뜻의 낱말은 '다르다'예요. '틀리다'는 '답이나 사실 등이 맞지 않거나 옳지 않다'라는 뜻을 나타내요.

 ① 으로서

'-(으)로서'는 '어떠한 자격이나 신분을 가지고'라는 뜻을 나타내요. '-(으)로써'는 소리는 비슷하지만 '어떤 재료나 원료를 가지고'라는 뜻을 나타내요.

 ② 들렀다

'어떤 곳에 향하던 중 다른 곳에 잠시 머무르다'라는 뜻의 낱말은 '들르다'예요. '들리다'는 '귀로 소리를 듣게 되다'라는 뜻을 나타내요.

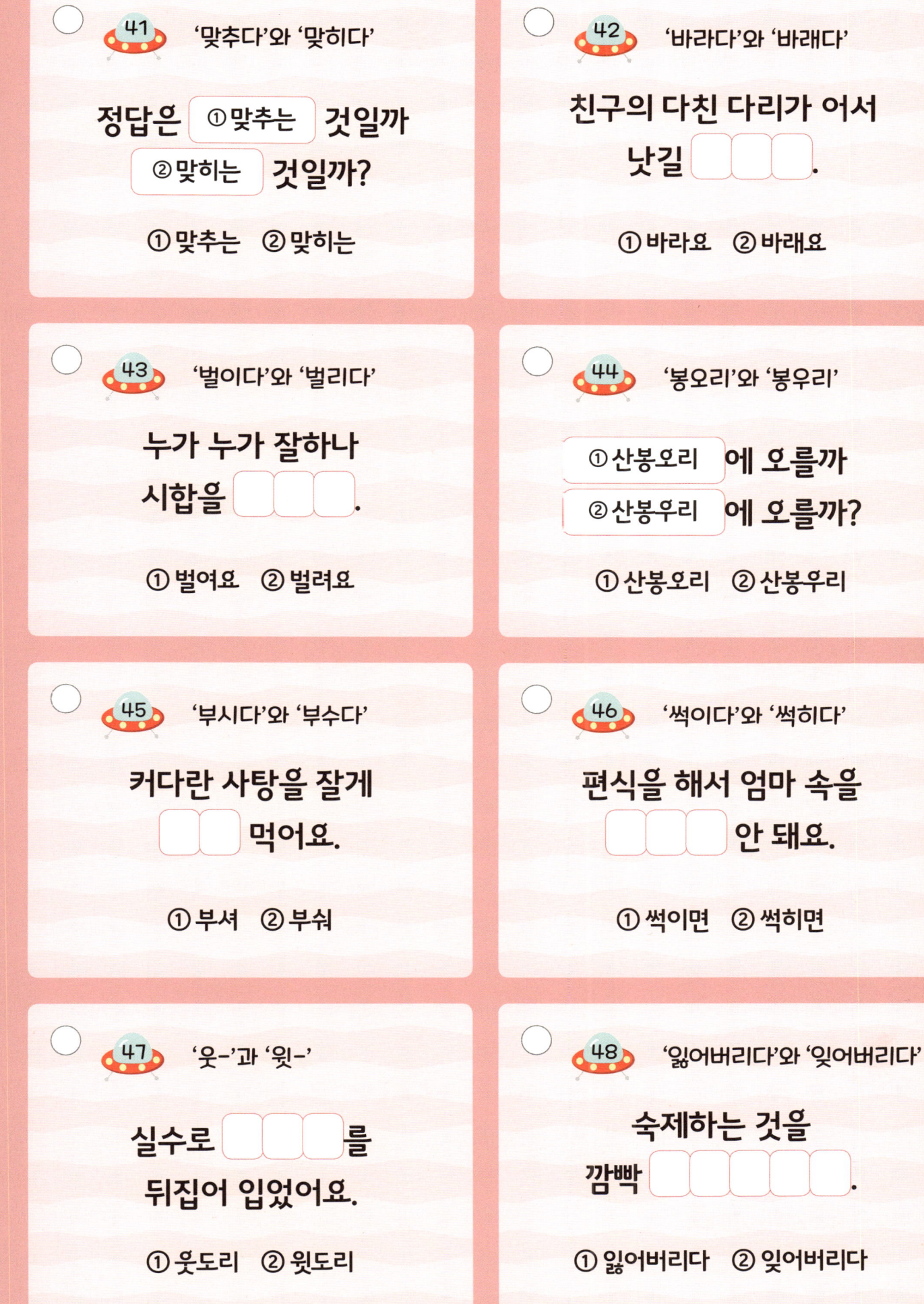

 ① 바라요

'생각이나 희망대로 어떤 일이 이루어지기를 원하다'라는 뜻의 낱말은 '바라다'예요. '바래다'는 '햇볕 등에 의해 물건의 색이 옅어지거나 누래지다'라는 뜻을 나타내요.

 ② 맞히는

'문제에 대한 답을 옳게 대다'라는 뜻의 낱말은 '맞히다'예요. '맞추다'는 '떨어져 있는 부분을 제자리에 붙이다'라는 뜻을 나타내요.

 ② 산봉우리

'산에서 뾰족하게 솟은 부분'을 가리키는 낱말은 '봉우리'예요. '봉오리'는 '아직 피지 않은 꽃'이라는 뜻을 나타내요.

 ① 벌여요

'일을 계획하여 펼치는 것'을 뜻하는 낱말은 '벌이다'예요. '벌리다'는 '둘 사이를 떼어서 넓히는 것'을 뜻해요.

 ① 썩이면

'걱정을 끼쳐 마음을 상하게 하는 것'을 뜻하는 낱말은 '썩이다'예요. '썩히다'는 '음식이나 자연물이 상하는 것'을 뜻해요.

 ② 부숴

'단단한 물체를 여러 조각이 나도록 깨뜨리는 것'을 뜻하는 낱말은 '부수다'예요. '부시다'는 '빛이 강해 똑바로 보기 어려운 것'을 뜻해요.

 ② 잊어버리다

'알았던 것이나 기억해야 할 것을 생각해 내지 못하는 것'을 뜻하는 낱말은 '잊어버리다'예요. '잃어버리다'는 '가지고 있던 물건 등이 없어지는 것'을 뜻해요.

 ② 윗도리

'웃-'과 '윗-'은 둘 다 '위'라는 뜻을 더해 주지만 '웃-'은 위아래가 반대되는 낱말이 없을 때 쓰고, '윗-'은 위아래가 반대되는 낱말이 있을 때 써요.

49. '-쟁이'와 '-장이'

☐☐☐☐ 동생이 자꾸 떼를 써요.

① 고집쟁이   ② 고집장이

50. '체'와 '채'

친구와 예쁜 ☐를 하며 놀았어요.

① 체   ② 채

초등 맞춤법 특공대

잊지 마!
맞춤법 퀴즈 카드

이름 :

① 체

'그럴 듯하게 꾸미는 거짓 태도나 모양'을 나타내는 낱말은 '체'예요. '채'는 '이미 있는 상태 그대로'라는 뜻을 나타내요.

① 고집쟁이

일부 낱말 뒤에 붙어 '그러한 성질을 많이 가진 사람'이라는 뜻을 더해 주는 말은 '-쟁이'예요. '-장이'는 '그것을 다루는 기술이 있는 사람'이라는 뜻을 더해 줘요.